Andreas Jenseits von Einstein

Peter Andreas

JENSEITS VON EINSTEIN

Die Suche nach der Schicksalsformel

Econ Verlag
Düsseldorf · Wien

1. Auflage 1978

Gesetzt aus der Times der Linotype GmbH
Satz: Wilhelm Arnholdt, Hamburg
Papier: Papierfabrik Schleipen GmbH, Bad Dürkheim
Druck und Bindearbeiten: Salzer-Ueberreuter, Wien
Printed in Germany
ISBN 3 430 110 43 2

Inhalt

Kapitel 1
Das älteste Rätsel der Menschheit

Seit es denkende Menschen auf der Erde gibt, rätseln sie über die Zukunft und träumen von ihr. Jahrtausendelang befragten Kaiser, Könige, Fürsten und Feldherrn die Propheten und die Orakel. Manche von diesen wurden mißbraucht oder gerieten in den Morast des Aberglaubens. Aber im Grunde hat sich wenig geändert: jeder Mensch sucht neu nach den Kräften, die sein Leben bestimmen.

Welches sind diese Kräfte, kann man sie kennen, voraussehen, beeinflussen? Läßt sich das Problem nicht mit Computern lösen?

Genau das tut natürlich die Futurologie. Sie bedient sich bekannter Daten, Tendenzen und Wachstumsfaktoren, um ein Bild dessen zu projizieren, was in drei, fünf oder zehn Jahren sein wird. Nun können aber Dinge geschehen – z. B. ein Krieg, eine Revolution oder auch nur eine Ölpreisexplosion -, die das Bild völlig verändern. Dann sind die Voraussagen nicht mehr viel wert.

Für das Schicksal einer Person gilt das in noch viel stärkerem Maße. Er ist keine Tonne Weizen oder Kupfer, sondern ein Individuum eigener Prägung mit eigenem Schicksal. Sein Leben läßt sich nicht programmieren. Es läßt sich auch nur sehr begrenzt durch Umwelt oder Erziehung im Voraus beeinflussen.

Eine von Professor Dr. Paul Taubmann von der Universität Pennsylvania 1977 vorgenommene Umfrage bei 2468 Zwillingspaaren in den USA führte zu der aufschlußreichen Erkenntnis, daß der am Jahresverdienst gemessene berufliche Erfolgsweg eines Menschen überwiegend durch genetische Faktoren und durch sogenannte Lebenszufälle bestimmt wird. Im Gegensatz zur Lehrmeinung der Soziologen haben Umwelt und Schulerziehung dagegen nur geringen Einfluß auf das Erfolgspotential.

Taubmann fand, daß es für den späteren Berufserfolg der Befragten relativ unwichtig war, ob sie Kinder wohlhabender oder unbegüterter Familien waren oder wie sie erzogen wurden. Die statistische Auswertung ergab, daß ihre Verdienstkapazität zu 48 Prozent von Erbfaktoren abhing, zu denen allerdings auch noch die Einflüsse der frühen Kindheit zu zählen sind. Nur 6 Prozent waren von Umwelt und Schule bedingt. Übrig bleiben nicht weniger als 46 Prozent »Schicksal«!

Es wäre noch zu beweisen, ob diese Rechnung in Ländern mit einer weniger egalitären Gesellschaftsstruktur, d. h. mit weniger Chancengleichheit als in den USA, dieselbe ist. Aber es bleibt die Grundtatsache, daß bei gleicher Ausgangslage unser Lebenserfolg zu 46 Prozent von Unwägbarem abhängig ist. Fast die Hälfte unseres Werdegangs also ist mit keinen biologischen oder soziologischen Mitteln beeinflußbar.

Das mag akademische Behavioristen schockieren; die meisten Menschen wird es nicht allzusehr überraschen. Sie spüren, daß sich ihr Schicksal nicht mit rein äußerlichen Mitteln manipulieren läßt, daß ihr Lebensglück nicht »machbar« ist. Das ist im Zeitalter der Elektronik und Kybernetik nicht anders, als es vor Tausenden von Jahren war.

So steht es uns auch nicht an, auf unsere »naiven« Vorfahren mitleidig herabzublicken. Sie mögen manchmal abergläubisch gewesen sein – das sind viele von uns noch immer! Aber ihre Methoden der Zukunftsdeutung waren durchaus nicht immer primitiv. So hatten die Babylonier eine Kartei aus Hunderten und Tausenden kleiner Tontafeln zur Auswertung der damals üblichen Leberschau. Sie lagen in Lagerräumen bereit und waren, wie Gerda Hagenau[1] schreibt, »gleichsam nach einem

Baukastenprinzip verwendbar und einsetzbar. Für jedes Vorkommnis war sozusagen das vorgenormte Orakel parat, es mußte nur an der richtigen Stelle eingesetzt werden.«

Diesen »Früh-Computer« gab es vor viertausend Jahren!

Wir wissen über die Schicksalsdeuter des Altertums so viel, weil sie ein Bestandteil der Kultur ihres Zeitalters waren. Man bediente sich ihrer ganz selbstverständlich und versteckte sie nicht. Das gilt natürlich nicht mehr für die Zeit seit der »Aufklärung« mit ihrer einseitigen Orientierung auf das exakt Meßbare.

Mit ihr änderte sich das philosophische Klima radikal. Die Wissenschaften triumphierten, die Metaphysik flüchtete in den »Untergrund« geheimer Bünde. Ein Zeitalter begann, das mit dem Laplaceschen Konzept eines total berechenbaren Uhrwerk-Universums, mit der durch Zufall und Notwendigkeit regierten Molekularwelt eines Jaques Monod seine Markierungspunkte hatte und zum guten Teil noch heute hat.

Es paßt hierher ein Gleichnis, das der Philosoph P.D. Ouspensky erzählte[2]: Ein Wilder findet eine Taschenuhr. Er nimmt sie auseinander, zählt alle Rädchen und Schräubchen, mißt den Durchmesser des Zifferblattes und die Länge der Zeiger. Alles untersucht er aufs gründlichste. Aber er hat keine Ahnung, wozu dieses geheimnisvolle Ding nun eigentlich existiert.

In eben dieser Situation befindet sich die Naturwissenschaft. Für sie ist der Mensch, was die Uhr für den Wilden war – ein faszinierendes Beobachtungsobjekt. Man mißt, wiegt, durchleuchtet ihn. Seit Sigmund Freud billigt man ihm – sehr widerwillig zunächst – auch ein Unbewußtes zu. Aber man weiß nicht, zu welchem Zweck der Mensch existiert. Je höher sich unsere technische Zivilisation entwickelt, desto stärker wird die Diskrepanz zwischen dem *Was* und *Wie* einerseits und dem *Warum* auf der anderen Seite.

So ist es deshalb kein Wunder, wenn alle jene, deren Bedürfnis nach Transzendenz nicht mehr von den Kirchen erfüllt wird, auf mehr oder weniger verschlungenen Pfaden, bewußt oder auch unbewußt, aus der als ungenügend erkannten und unbefriedigend empfundenen materialistischen Orientierung herauszukommen suchen. Wer hier, in den bequemen Sessel des Establishments gelehnt, herablassend von der »Heilserwartung der Masse« spricht, hilft niemandem. Besser wäre es, er hülfe dabei, das Echte vom Talmi zu unterscheiden; dazu freilich gehört einige Sachkenntnis.

Sie fehlt meist, und so ist es nicht verwunderlich, daß der Jahrmarkt der Pseudo-Wahrsagerei in aller Welt ständig neue Blüten treibt. Boulevardzeitungen und Illustrierte fördern ihn, indem sie Horoskope drucken, die nichts taugen, aber begehrter Lesestoff sind. Es ist töricht, sie für mehr zu nehmen als bloßen Unterhaltungsstoff.

Die Mächtigen unserer Welt wissen diskretere Wege. Zwar fallen die offiziellen Beschlüsse im Kollektiv von Kabinetten, Vorständen und Politbüros, doch als Privatpersonen und bei persönlichen Entscheidungen suchen mehr Politiker und Geschäftsleute den Rat von Hellsehern und Astrologen, als angenommen wird.

Die auf diese Weise die Orakel befragen, dulden gewöhnlich keinen Unsinn und wissen, wo sie »Qualität« finden. Sie machen sich vermutlich keine Gedanken darüber, warum da jemand in ihre Zukunft sieht – es »gibt so etwas eben«, und als Realist stellt man sich darauf ein. Freilich hüten die meisten Prominenten sich, den Gang zum Astrologen, Chirologen oder Hellseher publik werden zu lassen.

Das kann zu bizarren Vorsichtsmaßnahmen führen. So wurde ein britischer Schicksalsdeuter in ein privates Haus gebeten, um die Linien einer Hand zu lesen, die sich ihm aus einem Vorhangschlitz entgegenstreckte. Später fand er heraus, daß die Hand König Edward VII. gehörte. Andere Mitglieder der englischen Königsfamilie, wiederum hinter einem Vorhang verborgen, ließen ein Trancemedium zu sich sprechen, das vorher von einer Hofdame in einem Taxi abgeholt und dann erst einmal mit verbundenen Augen kreuz und quer durch die Stadt gefahren worden war, um das Ziel nicht zu erraten.

Sicherlich hatte diese extreme Umsicht noch einen anderen wichtigen Grund: Das Medium sollte nicht wissen, für wen es aussagte, denn sonst wären seine Aussagen wertlos gewesen. Seine Klienten waren einfach zu gut bekannt!

Seien wir also nicht zu streng mit den Mächtigen unserer Zeit. Sie sind ohnehin offene Ziele für Angriffe aller Art und müssen sich schützen, wo sie es können. Königin Viktoria nahm den Mann, der ihr wahrscheinlich als Medium diente, den Schotten John Brown, kurzerhand als Kammerdiener. Als er nach 34 Jahren Dienstzeit starb, soll die Monarchin eine lange Würdigung seiner besonderen Rolle geschrieben haben. Ihr Privatsekretär, Sir Henry Ponsonby, und der Dechant von Windsor, Randall Davidson (ein späterer Erzbischof von Canterbury), widersetzten sich der Veröffentlichung. Davidson drohte sogar mit seinem Rücktritt als Hofgeistlicher, wohl wissend, daß dies einen Skandal ausgelöst hätte.

Hätte diese Niederschrift eine bloße Chronik der Verdienste des treuen Dieners dargestellt, so hätte kaum Anlaß für eine solche Drohung bestanden; der Geistliche wäre auch gar nicht erst um seine Meinung befragt worden! Ein Trancemedium, das gewissermaßen jenseitigen Rat vermittelt, war dagegen etwas, über das Ponsonby die Meinung des Vertreters der anglikanischen Staatskirche glaubte einholen zu müssen.

Dann war die mögliche Rückwirkung auf die Öffentlichkeit zu bedenken. Es war schon schlimm genug, daß giftige Zungen in den ersten Jahren von Browns Dienst von einer unerlaubten Liaison mit der Königin geredet hatten. Sollte dieses Geschwätz nun mit anderen Vorzeichen wieder aufleben? Und war nicht ein Trancemedium in den Augen der Gesellschaft etwas, mit dem man sich noch viel weniger sehen lassen durfte als mit einem Liebhaber?

Nach Viktorias Tode soll Ponsonby einige »belastende« Tagebücher verbrannt haben; doch eines entging ihm. Viktoria-Biographen werden in dem ihnen zugänglichen Material kaum etwas darüber finden. Aber Eingeweihte wissen, daß beispielsweise König Georg VI. mit einem seiner Ärzte viele Gespräche über spiritualistische Dinge führte, in denen er gut bewandert war.

Der kanadische Premierminister Mackenzie King benutzte jeden Aufenthalt in London, um spiritistische Medien nach der Zukunft zu befragen. Winston Churchill, der das wußte, mußte einmal einige Minuten im Vorzimmer warten (er besuchte den erkrankten Mackenzie King in dessen Hotel), weil sein Gastgeber sich gerade von einer alten Dame, einem bekannten Trancemedium, verabschiedete.

Churchill drohte ihr scherzhaft mit dem Finger. »Paß auf, Mädchen, sonst landest du noch im Tower.« Es war eine Anspielung darauf, daß »Wahrsagerei« (damals) in England noch verboten und strafbar war.

Diese Vorfälle reizen zum Schmunzeln, aber sie müßten zugleich auch beschämen, da sie zeigen, daß unsere Gesellschaft nicht den Mut hat, zuzugeben, daß sie an Schicksalsmächte glaubt. Die Menschen der Antike waren zwar obendrein abergläubisch, aber sie waren in diesem Punkt ehrlicher als wir.

So wichtig die Kräfte sind, aus denen unser Schicksal wächst, es gibt für das Wissen um sie kein akademisches Fach; ein Umstand, über den schon Mephisto in Goethes »Faust« genüßlich spottete. Und da wir in einer freien Gesellschaft leben, muß jeder lernen, sich zwischen Gaukelei und Echtem sein eigenes Urteil zu bilden.

Kann man überhaupt den Schleier des Schicksals lüften? Wenn, dann ist das nur jenseits der Grenzen der orthodoxen Wissenschaft möglich. Doch dorthin zieht es heute mehr und mehr Menschen, einschließlich einer wachsenden Zahl von Wissenschaftlern.

Kapitel 2
Rendezvous mit dem Schicksal

Übersinnliche Erlebnisse sind ein Ärgernis. Sie sind im materialistischen Weltbild nicht vorgesehen. Daß es sie dennoch gibt, ist offenkundig, aber die autoritativen Stätten der Lehre und Forschung hüllen sich verlegen in Schweigen und manchmal in überbetonte Skepsis. Niemand hilft dem Betroffenen, mit dem Erlebten fertig zu werden.

Das gilt ganz besonders von der Präkognition, dem Vorauswissen der Zukunft. Hunderte von Tests mit Zielkarten und neuerdings elektronischen Geräten haben bewiesen, daß es sie gibt. Fast täglich können wir Fälle von Vorauswissen an uns, unseren Mitmenschen und an Tieren beobachten. Aber das hilft uns nicht aus der grundsätzlichen Denkschwierigkeit, uns einen Vorgang vorzustellen, der scheinbar gegen das Kausalgesetz verstößt, weil nämlich die Wirkung wahrgenommen wird, bevor noch eine materielle Ursache da ist.

Von ungezählten Beispielen der Präkognition, die genannt werden könnten, soll eines herausgegriffen werden, weil das »Zielobjekt« allgemein bekannt ist: der Untergang des Ozeanliners *Titanic*, der in der Nacht zum 15. April 1912 auf seiner Jungfernreise im Nordatlantik auf einen Eisberg stieß und sank. Von den mehr als 2200 Passagieren wurden nur 705 gerettet.

Die *Titanic* ist bis heute die größte Katastrophe der Passagierschiffahrt in Friedenszeiten geblieben. Der Untergang des vorher als »unsinkbar« bezeichneten Luxusdampfers schokkierte die Weltöffentlichkeit. Niemand hätte diesem Schiff, das als das sicherste und schnellste aller Zeiten angepriesen worden war, aus rationalen Gründen den Untergang voraussagen dürfen. Wenn es dennoch Vorahnungen gab, spricht ein sehr hoher Grad von Wahrscheinlichkeit dafür, daß bei den Wahrnehmenden Zukünftiges in die Gegenwart eingebrochen war.

Der amerikanische Mediziner und Parapsychologe Professor Dr. Ian Stevenson (Universität Virginia, USA) hat 19 Fälle von Präkognition der *Titanic*-Katastrophe analysiert[1]. Die Vorankündigungen kamen als Stimmen, Träume, Visionen, ja auch als ein Ergriffenwerden vom Schrecken der Stunde, der im eisigen Wasser schwimmenden Opfer. Ein Londoner Geschäftsmann, J. Connon Middleton, der selbst einen Platz auf der *Titanic* gebucht hatte, fühlte sich zweimal im Traum über dem Wrack des kieloben treibenden Liners schweben. Er konnte sogar die hilflos im Wasser schwimmenden Menschen sehen.

Middleton kämpfte tagelang gegen die Vorahnung an. Er glaubte nicht an Träume, außerdem mußte er geschäftlich nach New York. Aber er war dann doch sehr froh, als von dort ein Telegramm kam und er seine Reise verschieben mußte.

Zwischen dem 3. und dem 10. April bestellten noch mehrere andere Passagiere ihre Kabinen wieder ab, zum Teil mit der erstaunlichen Begründung, es bringe Unglück, auf einer Jungfernreise mitzufahren – was sie ja aber schon vorher hätten wissen müssen. Lag bei ihnen vielleicht unbewußte oder uneingestandene Präkognition vor?

Ein Heizer auf der *Titanic* wurde noch nach dem Auslaufen aus Southampton von einem Gefühl der Katastrophe überwältigt; er verließ das Unglücksschiff noch rechtzeitig beim Stopp in Queenstown.

Der bekannte britische Publizist W.T. Stead, der von dem amerikanischen Präsidenten Taft zu einem Vortrag nach den USA eingeladen worden war, hatte Jahre zuvor einmal einen Artikel geschrieben, in dem er den Untergang eines Schiffes schilderte, das im Mittelatlantik mit einem Eisberg kollidiert. Stead tat das, um auf die Gefahr hinzuweisen, daß Passagierschiffe (wie später die *Titanic*) nicht eine ausreichende Anzahl von Rettungsbooten mitführen. In einem Vortrag in London, der demselben Zweck diente, beschrieb er sich selbst in der imaginären Situation eines Schiffbrüchigen.

Der Hellseher Graf Louis Hamon, bekannter unter dem Namen »Cheiro«, warnte Stead vor Schiffsreisen. Neun Monate vor der *Titanic*-Katastrophe bat Hamon, dem die Sache nicht aus dem Kopf wollte, den Schriftsteller nochmals und unaufgefordert, *im April 1912* keine Reise anzutreten.

Stead hatte damals auch noch gar keine Reisepläne. Aber er nahm die Warnung immerhin ernst genug, einen zweiten Hellseher zu konsultieren, einen Mann namens W. de Kerlor. Dieser sagte dem überraschten Klienten, daß er bald nach Amerika reisen werde, er »sah« eigenartigerweise aber nur den *halben* Rumpf eines Schiffes. Und auch Kerlor ließ die Sache nicht mehr los. Ihm träumte später, daß er sich in einer Schiffskatastrophe befand. »Mehr als tausend Menschen kämpften um ihr Leben im Wasser, und ich (Kerlor fühlte sich *als* Stead!) war unter ihnen. Ich konnte ihre Hilferufe hören.«

Stead erhielt noch mehr hellsichtige Warnungen, darunter einen Brief von einem hohen anglikanischen Geistlichen, der voraussagte, die *Titanic* werde untergehen – obwohl auch Stead selber damals noch nicht wußte, daß er sich unter den Passagieren befinden würde.

Dann jedoch kam die Einladung des Präsidenten, und Stead bestellte seine Kabine. Sein letzter Brief, von Queenstown abgeschickt, deutet jedoch ziemlich klar darauf hin, daß er an Bord von starken Vorahnungen befallen wurde.

Am 10. April 1912 begann das mit soviel Vorschußlorbeeren bedachte, damals größte, schnellste und »sicherste« Schiff der Welt seine Reise. Es bot einen prächtigen Anblick, als es vor Southampton die Insel Wight passierte, und die Menschen standen auf den Hausdächern, um möglichst viel zu sehen. Darunter auch die Familie des Mr. Jack Marshall. Doch plötzlich packte Marshalls Frau ihn beim Arm. Sie hatte soeben das Schiff untergehen sehen!

Man versuchte, die schluchzende Frau zu beruhigen, doch umsonst. »Dieses Schiff wird untergehen, bevor es Amerika erreicht«, rief Mrs. Marshall in voller Verzweiflung. »Steht nicht da und schaut mich an – tut etwas! Ich kann Hunderte sehen, wie sie im eisigen Wasser treiben. Rettet sie doch, rettet sie!«[2]

Die *Titanic* fuhr zum Rendezvous mit dem Schicksal.

Stevenson hat nur besonders eindeutige Fälle von Präkognition auf das *Titanic*-Desaster veröffentlicht und nur solche, die sich innerhalb von zwei Wochen vor der Katastrophe ereigneten. Andere Berichte befinden sich in den Archiven parapsychologischer Gesellschaften. Die wahre Zahl der Vorahnungen und mehr noch der Visionen und Eindrücke kurz vor einer solchen Katastrophe bleibt natürlich stets unbekannt.

Aber das war noch nicht alles. Man stellte fest, daß ein wenig bekannter Schriftsteller namens Morgan Robertson schon 1898, also 14 Jahre vor der *Titanic*-Katastrophe, einen Roman über die Jungfernfahrt eines neuen Ozeanriesen namens *Titan* geschrieben hatte, der auf einen Eisberg stößt und sinkt. Der Autor hatte sein Buch nicht am Schreibtisch geplant. Die Eindrücke dazu kamen ihm in einer Art Trance hellhörig und hellsichtig – wie ein vor seinem inneren Auge ablaufender Film: Ein Luxusliner im Nebel des Atlantik, der Name *Titan* am Bug, das Wort »unsinkbar«, die wenigen Rettungsboote, der immer näher kommende Eisberg.

Die Übereinstimmung zwischen Robertsons Roman und der schrecklichen Wirklichkeit der *Titanic* ist frappierend, auch wenn Dr. Stevenson einräumt, daß die rein technischen Daten sich nach den Möglichkeiten des Schiffsbaus einschätzen ließen. Die *Titan* sollte 75 000 Tonnen groß werden, die *Titanic* maß dann 66 000 BRT. Ausstattung, Länge, Geschwindigkeit und Zahl der Passagiere stimmten fast genau überein.

Wenn man jedoch die beinah totale Übereinstimmung der Schiffsnamen, die zu geringe Zahl der Boote, die gleiche Jahreszeit und vor allem die »Unsinkbarkeit« hinzunimmt, ist die Parallelität schwerlich noch rational zu erklären.

Die Annahme der »Unsinkbarkeit« war auf die Fehlrechnung gegründet, daß die Schottenwände genügen würden, um einen etwaigen Wassereinbruch wirksam abzuriegeln. Man hatte viel Aufhebens darum gemacht – so sehr, daß nicht nur die Passagiere, sondern sogar der Kapitän der *Titanic* an diese gefährliche Legende glaubte.

Kapitän Smith hatte am Tage des Unglücks gleich fünf Warnungen über Eisberge in der Nähe seiner Route erhalten, ohne sie zu beachten. Er war so sehr von der Unsinkbarkeit seines Schiffes überzeugt, daß der Konstrukteur der *Titanic*, der die Fahrt mitmachte und nach dem Aufprall erkannt hatte, daß das Wasser bei immer stärkerer Schräglage weiter vordringen werde, ihn nur mit großer Mühe schließlich davon überzeugen konnte, daß sein Schiff sinken werde.

Im Vertrauen auf die Sicherheit des Schiffes hatte man die *Titanic* nicht mit genügend Booten ausgestattet. Aber im Glauben an die »Unsinkbarkeit« lehnten es viele Passagiere ohnehin ab, in die Boote zu gehen, als sie dazu aufgerufen wurden. Und jene, die es taten, waren überzeugt, daß es wahrscheinlich eine unnötige Vorsichtsmaßnahme sei. Ganz sicher werde man am Morgen an Bord zurückkehren...

Man kann aus der *Titanic*-Tragödie, aus der Kohlenhalde-Katastrophe des walisischen Bergarbeiterdorfes Aberfan und anderen Fällen mit gut dokumentierten vielfachen Vorahnungen schließen, daß Naturkatastrophen und kollektive Unglücksfälle vorherbestimmt sind. Das muß aber nicht ebenso für den einzelnen Menschen gelten, für den die Vorahnung vielmehr eine Warnung sein kann, dem Unglück auszuweichen.

Ein Mann, der einen bestimmten Flug gebucht hat und in der Nacht zuvor träumt, die Maschine stürze ab, kann seine Buchung streichen oder ändern lassen. Versucht er jedoch, die Fluggesellschaft zu warnen, so wird man ihm wahrscheinlich antworten: »Sie können wirklich ganz beruhigt sein. Unsere Maschinen sind tausendfach erprobt und für ihre Sicherheit bekannt. Unsere Piloten sind erfahrene Flugkapitäne. Sie sind in den besten Händen. Und Sie müssen doch einsehen, daß wir nicht jedesmal einen Flug absetzen können, wenn jemand einen schlechten Traum gehabt hat.«

Das wäre eine völlig normale Reaktion. Käme die Warnung allerdings von zwei oder drei Personen, so sollte sie unbedingt zur Kenntnis genommen werden. In New York gibt es ein *Central Premonitions Register*, eine Sammel-Meldestelle für Vorahnungen, die eigens zu dem Zweck geschaffen wurde, Frühwarnungen vor Unglücken zu geben. Einrichtungen dieser Art ließen sich zweifelsohne entwickeln und ausbauen. Leider nur hat keine Regierung Geld dafür übrig.

In der Regel zeigt Präkognition das Wahrscheinliche an. Aber je näher die Zeit des vorhergesehenen Ereignisses an der Gegenwart ist, desto mehr wandelt sich die Wahrscheinlichkeit zur Sicherheit. Die meisten Vorahnungen von Unglücksfällen erfolgen in den vorangehenden 12 Tagen.

Mütter empfangen oft im Traum oder durch eine plötzliche Eingebung Warnungen über eine Gefahr, in die ihr Kind geraten wird. Sie treffen dann Vorkehrungen oder erinnern sich beim Eintreten der Gefahrensituation daran und können so das Unglück abwenden, das ohne die Vorahnung sich vollzogen hätte.

Dies geschieht so häufig, daß die Parapsychologie ein eigenes Wort dafür gefunden hat: sie spricht von Intervention. Die präkognitive Intervention zeigt also eine abwendbare Wahrscheinlichkeit.

Wie kommt Präkognition zustande? Es gibt darauf eine sehr bequeme und fast mit Sicherheit falsche Antwort: Man erklärt einfach, die Zeit sei rückwärts gelaufen.

Die theoretische Grundlage dieser Patentlösung sind die berühmten Diagramme des Physikers Gerald Feinmann, in denen die Zeit für winzige subatomare Meßbereiche rückläufig dargestellt wird. Träger der rückwärts laufenden Signale, so geht die Hypothese weiter, sind die Tachyonen. Das sind hypothetische Elementarteilchen, die sich schneller bewegen als das Licht und deshalb in der Zeit rückwärts laufen.

Man kann heute jedoch höchstens von einem experimentellen Verdacht auf das Bestehen solcher Teilchen sprechen. Er hat sich in den letzten Jahren nicht erhärtet. Nach Professor John Taylor (London) sind die Beweise für Tachyonen »gleich Null«. Wir bräuchten gigantische Energien, wie sie allenfalls die Kernfusion liefern könnte, um eine einzige »Zeitmaschine« zu bauen, die mittels Tachyonen Signale in die Vergangenheit senden könnte.

Doch selbst wenn die experimentellen Grundlagen stärker wären, würde das noch lange nicht dazu berechtigen, Tachyonen als Signalträger für makroskopische Vorgänge anzunehmen, also für den *Titanic*-Untergang oder auch nur für das vorausgesehene Eintreffen eines bestimmten Briefes. Die Umkehrung der Ursache-Wirkung-Folge wäre nicht erklärt.

So ist zu fürchten, daß der Tachyonen-Countdown in die Minuszeit vorläufig Science Fiction bleibt.

Wenn die Zeit nicht rückwärts läuft, bleiben immer noch zwei grundsätzliche Möglichkeiten: Entweder ist das vermeintlich Zukünftige bereits in der Gegenwart vorhanden, oder unsere Wahrnehmung streckt sich in der Zeitrichtung nach vorn!

Wie *äußert* sich eigentlich eine Präkognition?

Im Falle der *Titanic* träumt Mr. J.C. Middleton von einem kieloben schwimmenden Wrack; in Wirklichkeit aber sackte das Schiff mit dem Bug voran schräg nach unten in die Tiefe.

Solche Ungenauigkeiten sind sehr häufig. Man kann dann vermuten, daß der Wahrnehmende nicht das Ereignis, sondern seine spätere Kenntnis des Ereignisses vorwegnimmt. Diese projiziert sich auf das Unterbewußtsein, welches wiederum Bilder formt, die im Detail nicht ganz korrekt sein mögen. Auf diese Weise läßt sich mit etwas gedanklicher Akrobatik der Schluß umgehen, daß etwas schon »da« ist, was sich noch gar nicht ereignet hat.

Nun gibt es aber noch eine Form der Vorausschau, die *fotografische Präkognition* genannt werden soll. Der Verfasser versteht darunter Fälle, in denen das in der Zukunft liegende Ereignis in fotografischer Schärfe und mit vielen Einzelheiten gesehen wird, die sich dem Erlebenden einprägen und die er anderen im Detail schildern kann. Die Klarheit des Bildes unterscheidet sich von den mehr verschwommenen oder auch symbolhaften Eindrücken anderer Fälle, in denen oft das *Gefühl* (von einem Todesfall, Erdbeben, Unglück usw.) das Vorherrschende ist.

Die sogenannten Spökenkieker im nordeuropäischen Tiefland erfassen vielfach solche fotografisch klaren Szenen und können sie genau schildern, denn diese Art des »zweiten Gesichts« überfällt sie im vollen Wachzustand.

Der Parapsychologe Hans Bender[3] berichtet über den Fall der Magd Grete, die um die letzte Jahrhundertwende in Ahausen, einem Dorf in der Lüneburger Heide, einen großen Brand vorausschaute. Das Feuer, erklärte sie, werde gegenüber der Kirche während eines Gottesdienstes beginnen, sich nach Norden ausbreiten, schließlich aber vor einem bestimmten Hause zum Stehen kommen. Ein Gehöft neben dem Brandherd bleibe erhalten. Männer in »fremden Uniformen« würden beim Löschen helfen, einer falle vom Pferde. Vor dem Brand werde ein mit Schimmeln bespannter Brautwagen zur Mühle fahren.

Was »die Gret«, wie sie im Dorfe hieß, vorausgesehen hatte, erfüllte sich mehr als ein Vierteljahrhundert später bis ins letzte Detail.

Hier wurde also ein Geschehnisablauf über eine große Zeitspanne fotografisch oder, besser gesagt, »wie ein Film« wahrgenommen, denn der Brand war von der Magd ja nicht als Einzelbild, sondern als zeitlicher Ablauf gesehen worden.

Das Problem läßt sich in gar keiner Weise damit lösen, daß man achselzuckend sagt, es gebe eben Leute mit übersinnlichen Gaben, doch seien das schließlich Ausnahmen. Es geht nicht um die Häufigkeit dieser Geschehnisse, es geht darum, daß sie *überhaupt* geschehen. Denn das können sie nur, wenn die Welt ganz anders ist, als wir sie in unserem Alltagsdasein empfinden.

Kapitel 3
Jenseits von Einstein

Alice im Wunderland, jene kluge Märchenfigur, die den Unverstand der Welt mit kindlicher Logik und Unlogik bloßzustellen weiß, wie würde sie antworten, fragte man sie nach dem Zeitbegriff? Sicher mit einem kuriosen Paradox über unser Balancieren auf einer rasiermesserdünnen Gegenwart, während der andere Fuß fortwährend in die Vergangenheit wegrutscht.

Das Zusammengepreßtsein auf jenen mikroskopisch kleinen Punkt des »Jetzt« zwischen Vergangenheit und Zukunft hat etwas Surrealistisches; man könnte sich vorstellen, daß Menschen dieses Gefühl nicht aushalten, an »Zeitneurosen« erkranken würden – wenn eben nicht die Natur uns schützend mit einer »inneren Zeit« ausgestattet hätte, die im Wachbewußtsein stets und immer der Gegenwart entspricht.

Unsere äußere physikalische Zeit wird an den Sternen oder durch moderne Atomuhren gemessen, unsere innere, psychische Zeit ist ein höchst relativer Begriff, der in der Gegenwart nullwertig ist. Für die Erinnerung sind Zeitspannen immateriell. Ein Ereignis, das einen tiefen Eindruck in uns hinterließ, kommt viel schneller und lebhafter wieder ins Bewußtsein als ein gleichgültiges, auch wenn es zeitlich viel länger zurückliegt.

Mit der Zukunft ist es nicht viel anders. Wir können uns gedanklich nicht eigentlich »in die Zukunft versetzen«, sondern nur in eine Situation, von der wir annehmen, sie werde in einem künftigen Zeitpunkt eintreten. Dieses Hineinversetzen aber ist dann in unserer Vorstellung schon Gegenwart für uns. Wenn wir uns auf etwas freuen oder Angst vor etwas haben, ist dieses »Etwas« schon in unserer psychischen Gegenwart. Daß unsere »innere Zeit« subjektiv ist und langsam läuft, wenn wir uns langweilen, und viel zu schnell, wenn wir zum Augenblick »Verweile noch!« sagen möchten, ist jedermann bekannt.

Die Zeit ist das tiefste aller Rätsel. Was Zeit *ist*, weiß niemand. Sie läßt sich zwar mit Atomuhren oder durch den Lauf der Gestirne messen, aber nicht konkret durch Rückführung auf andere Größen definieren. Die Physik hat sich seit Euklid vorwiegend mit dem Raum beschäftigt; die Zeit blieb wissenschaftlich fast ein Aschenputtel. Langsam ändert sich das. Führende Gelehrte aus aller Welt treffen sich jetzt zu exklusiven Symposien der »*International Society for the Study of Time*«, zu denen nur Eingeladene Zugang haben.

Es fehlt natürlich nicht an »Zeit-Modellen«, aber sie sind durchweg Denkergebnisse scharfsinniger Privatforscher ohne den Rückhalt physikalischer oder astronomischer Institutionen. Da gibt es z. B. seit 50 Jahren die *serial time* des Engländers J.W. Dunne, der sich eine Reihe von mehreren aufeinanderfolgenden oder ineinander geschichteten Zeitdimensionen vorstellte – etwa den Schichten einer Zwiebel vergleichbar.

Was in einer Zeitdimension schon Gegenwart ist, kann in einer anderen noch nicht geschehen sein. Dunne konnte allerdings die zu seiner Zeit noch nicht genügend erforschten unerhörten Möglichkeiten der menschlichen Psyche nicht ausreichend berücksichtigen. So bleibt unklar, wie sich Vorbestimmung oder freier Wille in sein Konzept einfügen.

Der Schriftsteller und »Zeit-Philosoph« John Priestley nimmt eine »Zeit 1« an, in der der Mensch sein alltägliches Leben verbringt, dazu eine »Zeit 2« für Träume und veränderte Bewußtseinszustände und eine »Zeit 3«, in der die kreative Inspiration des höheren Ich ihren Ursprung hat.

Man hat den Zeitverlauf auch mit einem Kreis verglichen. Wer von oben auf den Kreis blickt, sieht die Zukunft voraus.

Allerdings müßte dann alles vorbestimmt sein – die Kreisbahn ließe keinen Raum für einen freien Willen. Ein besseres Modell ist die Spirale. Sie hat, wie die Zeit, kein Ende. Wer sich auf ihr bewegt, kennt die Vergangenheit, aber normalerweise nicht die Zukunft. Nur höchste Bewußtseinsformen vermögen diese »von außen« zu sehen.

Alle diese Auffassungen brechen noch nicht mit dem Einstein-Minkowski-Modell, das eine dreidimensionale Welt annimmt, die sich mit Lichtgeschwindigkeit durch eine vierte Dimension bewegt, wobei diese Bewegung den Zeitablauf ausmacht.

Wer darüber hinausgeht, befindet sich schon jenseits von Einstein. Die Protagonisten einer neuen Superphysik tasten sich heute, auf den Quantengesetzen aufbauend, zu völlig neuen Definitionen vor. Sie halten die mit dem Einsteinmodell verknüpfte Vorstellung, daß sich die Zeit wie ein Strom in einer Richtung bewegt, für unvertretbar, ja »romantisch«, da nichts als fließend bezeichnet werden könne, das nicht konkret an etwas anderem vorbeifließt wie ein Fluß an seinen Ufern.

Die Superphysik des sowjetischen Astrophysikers Dr. Nikolai Kosirew sieht die Zeit als eine Energieform mit spezifischer Dichte. Der Amerikaner Tom Bearden glaubt, daß Zeitpartikel von Photonen mitgetragen werden und einen Teil ihrer Substanz verlieren, wenn diese auf einen Gegenstand treffen. Daraus folgt, daß Zeit nur da ist, wo auch Materie ist!

Die Superphysiker glauben, daß es 20 bis 30 Jahre dauern wird, bis sich die Gesamtheit der Wissenschaft ihren Vorstellungen aufgeschlossen hat. Sie liegen nicht im Widerspruch zu Einsteins spezieller Relativitätstheorie, deren praktische Folgerungen erst lange nach ihrer Veröffentlichung im Jahre 1905 allgemeines Gedankengut wurde. Das gilt ganz besonders für die Zeitdilatation, jene logische Folge aus der Tatsache, daß die in Zeiteinheiten gemessene Geschwindigkeit eines Gegenstandes von der des Meßinstruments abhängt, d. h. daß die Zeit für ein Objekt um so langsamer abläuft, je schneller sich dieses Objekt bewegt.

Versuche mit instabilen Elementarteilchen gaben Einstein zwar recht. Aber die öffentliche Diskussion darüber, ob ein mit Beinahe-Lichtgeschwindigkeit dahinrasender Raumfahrer weniger schnell altert als seine Kollegen auf der Erde, wurde von der Wissenschaft lange gemieden.

Mathematisch war an Einsteins Folgerung nichts auszusetzen. Aber die praktische Konsequenz widersprach dem gewohnten Denken über die Zeit und ihren Einfluß auf den Menschen dermaßen, daß zwei amerikanische Physiker 1971, also 65 Jahre nach der Veröffentlichung der Theorie, beschlossen, sich von der Tatsächlichkeit der Zeitdilatation auf recht originelle und sehr persönliche Weise zu überzeugen.

Dr. Joseph Hafell und Dr. Richard Keating aus Washington buchten vier Plätze in einer Boeing 747 für eine Reise um die Welt. Zwei Plätze waren für sie selber, die anderen beiden boten zwei Atomuhren Platz, die die Zeit mit größter Genauigkeit messen. Ein zweites Uhrenpaar wurde in Washington zurückgelassen.

Als Hafell und Keating bei der Rückkehr nach Washington ihre seltsamen Reisegenossen losschnallten und mit ihnen sofort in ihr wissenschaftliches Labor fuhren, war Einsteins Zeitdilatation bewiesen. Die beiden Globetrotter-Uhren waren um eine hundertbillionste Sekunde gegenüber den beiden in Washington zurückgebliebenen langsamer geworden. Die Messung war identisch auf *beiden* Uhren.

Die beiden Physiker und mit ihnen die Boeing mit allem Inventar waren um eben diese Spanne langsamer gealtert, während Washington und der gesamte übrige Kosmos – für die Zwecke dieses Experiments – der normalen Erdzeit unterworfen waren. Ein so winziger Zeitunterschied mag banal klingen. Wenn man jedoch berücksichtigt, daß die Reisegeschwindigkeit des Jumbo-Jet mit 950 km/h gegenüber interplanetarischen Geschwindigkeiten ebenso winzig ist, sehen die Dinge schon anders aus.

Das Unbehagen, mit dem die Wissenschaft zuvor die Einsteinsche Zeitdilatation akzeptiert hatte – und das manche Wissenschaftler noch heute zeigen, wenn die Rede darauf kommt –, beleuchtet ein allgemeines Dilemma: Gegen Dinge, die unserer Alltagserfahrung widersprachen, richten wir eine Tabuschranke in unserem Denken auf.

Große Erfinder, Forscher und schöpferische Menschen sind stets jene gewesen, die es vermochten, diese Tabuschranke zu überspringen. Einstein äußerte sich einmal ziemlich sarkastisch über die Denkhemmungen des »gesunden« Menschenverstandes: »Sie sind eine Ablagerung der vor dem 18. Lebensjahr gesammelten Vorurteile.« In Einsteins Universum war alles relativ geworden. Zeit konnte sich strecken, Distanzen konnten schrumpfen; alles hing vom Bezugsrahmen des Beobachters ab. Konstant blieb nur eines: die Lichtgeschwindigkeit.

Diese Geschwindigkeit von knapp 300 000 Kilometer pro Sekunde blieb ein fester Punkt in einer Welt, in der mit der Verdrängung absoluter durch statistische Größen alle anderen Grundlagen unscharf geworden waren.

Aber gerade hinter diesem zentralen Ankerpunkt stehen inzwischen Fragezeichen. Die moderne Radioastronomie rätselt über Signale aus fernen Teilen des Weltalls, die anzudeuten scheinen, daß einige Weltkörper sich mit 2- bis 3facher Lichtgeschwindigkeit voneinander fortbewegen. Es ist denkbar, daß es sich dabei um Reflektionen, also Täuschungen, handelt, und die meisten Astronomen halten an Einsteins Lehre fest. Aber das Rätsel bleibt.

In den letzten Jahren seines Lebens, als er, bereits emeritiert, sich in seinem Hause in Princeton seinen Gedanken hingab und beim Spielen von Mozartsonaten auf der Violine Entspannung suchte, konnte Einstein sein Lebenswerk überdenken. Es hatte ihm Weltruhm gebracht, doch seine bedeutendsten Leistungen lagen fast ein halbes Jahrhundert zurück. Seine Hoffnung, eine Universal-Feldgleichung zu finden, die ihn Jahrzehnte beschäftigt hatte, war unerfüllt geblieben.

Einstein war kein Freund einer »Vermischung« von Naturwissenschaft und Mystik. Dennoch bekannte er einmal: »Das schönste Gefühl, dessen wir teilhaftig werden können, ist das des Mystischen. Der, dem dieses Gefühl fremd ist, der sich nicht mehr wundern und in Ehrfurcht staunen kann, ist so gut wie tot. Zu wissen, daß das, was undurchdringlich ist, wirklich besteht ... dieses Wissen ist im Mittelpunkt wirklicher Religiosität.«

Einstein war überzeugt, daß das Ziel menschlichen Lebens niemals allein auf den Wegen der Wissenschaft erreicht werden konnte. Er zog eine Trennungslinie. Vielleicht hat ihn dies davon abgehalten, sich für jene Ansätze geistbezogener Weltauffassungen zu interessieren, die es auch zu seinen Lebzeiten schon gab.

Heute ist man nicht mehr so sicher, daß ohne die Einbeziehung des Bewußtseinsbegriffs überhaupt noch grundlegend neue Erkenntnisse möglich sind. Hat Licht Bewußtsein? Es besteht aus Photonen (Lichtquanten), und diese verhalten sich, wie schon Max Planck feststellte, »wie intelligente menschliche Wesen«.

Gottfried Wilhelm Leibniz (1646–1716), dessen Universalgenie dem Einsteins gleichzusetzen ist, ging mit dem Postulat der Geistmonade schon ähnlichen Überlegungen nach. Leibniz aber wußte noch nicht, daß Licht im unsichtbaren Gammabereich sogar Materie schafft, nämlich beim Durchgang durch Materie Elektronen und Positronen.

Newtons Gesetze der Mechanik und Einsteins Relativität gelten logischerweise nur für *unser* Zeit-Raum-Kontinuum, für jenes Universum, das wir mit menschlichen Augen sehen, fühlen und messen können, weil es dreidimensional ist. Wenn etwas existiert, was darüber hinausgeht, wenn etwa gar Licht Bewußtsein hat, benötigen wir eine Superphysik oder Transzendentalphysik.

Kapitel 4
Alice im Zufalls-Wunderland

Begleiten wir Alice auf einen kurzen Ausflug in den Überraum. Schon beim Eintreten fällt uns auf, daß alle Dinge sozusagen »schon da« sind. Da es hier keine Zeit gibt, kann es logischerweise auch keine Ursache-Wirkung-Aufeinanderfolge geben, jedenfalls nicht im materiellen Sinne. Was Zukunft ist, können wir vom Vergangenen nur dadurch unterscheiden, daß es ein wenig gläsern oder schattenhaft anmutet.

Zwischen diesen noch nicht ganz auskristallisierten Formen stehen freilich einige andere, die klar und grell ins Auge springen. Alice belehrt uns darüber, daß dies die unabänderlichen Schicksalsdinge seien, die wir auf Erden dann und wann als *fotografische* Präkognition wahrnehmen.

Dinge, die zusammengehören, werden im Überraum durch den ihnen innewohnenden gleichen *Sinn* zueinandergezogen. Der Sinn, erläutert uns unsere Führerin, ist natürlich Etwas ganz außerhalb der materiell-kausalen Welt; er ist eine den Dingen, auch unseren eigenen Gedanken, innewohnende qualitative Eigenschaft.

Sinn läßt sich nicht kybernetisch ausdrücken; nur das menschliche Gemüt – und vermutlich über dem Menschen stehende Intelligenzen, wenn es sie gibt – vermögen ihn zu erfassen.

Es ist nicht reine Phantasie, was damit angedeutet werden soll, denn eine kausal nicht erklärbare Gleichsinnigkeit von Ereignissen gibt es nicht nur im Überraum, sondern im täglichen Leben – häufig sogar.

Es ist April 1935. Am Ruder eines englischen Frachters im Nordatlantik steht William Reeves aus Byrness (Grafschaft Northumberland). Die See ist ruhig, über dem Wasser liegt eine pechschwarze Nacht. Reeves Dienst auf der Brücke geht um Mitternacht zu Ende, aber bevor es soweit ist, überfällt ihn ein unheimliches Gefühl drohender Gefahr. Lange wehrt er sich dagegen. Soll er die Alarmglocke läuten, die Maschinen stoppen und sich womöglich lächerlich machen?

Doch das Gefühl hält an, wird noch stärker. Reeves Schiff heißt *Titanian*! Und nun stellt der Maat bestürzt fest, daß er sich in genau der gleichen Position befindet, in der die *Titanic* in einer pechschwarzen Aprilnacht des Jahres 1912 auf einen Eisberg stieß.

Reeves hält es nicht mehr aus, läßt die Alarmglocke tönen und beidrehen. Und Minuten später zieht in der Dunkelheit voraus ein riesiger Eisberg vorbei! Der Frachter aus Newcastle ist in ein großes Eisfeld geraten, in dem er noch neun Tage mit beschädigter Schraube treiben wird, bevor zwei Eisbrecher ihn erreichen und in Schlepp nehmen. Der Vorgang ist bei Lloyds in London registriert.

Titan, *Titanic* und *Titanian*, alle vom gleichen Schicksal bedroht und bedrängt. Für den, der dennoch an Zufall glaubt, hat William Reeves ein zusätzliches Detail bereit: Er wurde am 14. April 1912, dem Tage der *Titanic*-Katastrophe, geboren.[1]

Wir haben es hier augenscheinlich mit einer Kette von Ereignissen zu tun, die miteinander nicht kausal verbunden, aber dennoch *sinngemäß* verwandt sind. Es gibt zahlreiche solcher Gleichsinnigkeits-Ketten. Die bekannteste ist wahrscheinlich der »Todeszyklus« amerikanischer Präsidenten.

Es begann mit der Wahl von Präsident Harrison im Jahre 1840, der 1841 bald nach seiner Amtseinführung an einer Lungenentzündung starb. (Einige Autoren sehen dies im Zusammenhang mit einem Fluch, den ein indianischer Schamane gegen Harrison aussprach, nachdem dieser seinen Stamm, die Shawnness, besiegt hatte.)

Seit 1840 ist jeder amerikanische Präsident, der in Abständen von genau 20 Jahren danach gewählt wurde, im Amt gestorben, nämlich Lincoln (gewählt 1860), Garfield (1880), McKinley (1900), Harding (1920), Roosevelt (Wiederwahl 1940) und John F. Kennedy (1960).

Zwischen Lincoln und Kennedy bestehen noch viel frappantere Übereinstimmungen. Lincoln wurde 1847 in den Kongreß gewählt, Kennedy 1947, beide wurden durch einen von hinten abgefeuerten Schuß getötet, während ihre Ehefrauen unmittelbar neben ihnen saßen. Lincolns Sekretär riet ihm, nicht ins Theater zu gehen (wo er erschossen wurde), Kennedys Sekretär, dessen Name übrigens Lincoln war, riet von der Reise nach Dallas ab. Lincolns Nachfolger hieß Johnson, Kennedys Nachfolger ebenfalls Johnson; zwischen beider Geburtstage lagen genau 100 Jahre.

Lincoln-Attentäter John Wilkes Booth wurde 1839 geboren, Lee Harvey Oswald 1939. Booth beging seine Tat in einem Theater, Oswald floh in ein (Film-)Theater. Beide wurden nach ihrer Gefangennahme von dritten niedergeschossen.

Beider Präsidenten Tod, ebenso wie der von Robert Kennedy, war von hellsichtigen Menschen vorausgesagt worden. Lincolns Traum, bei dem er das Weiße Haus in Trauer vorfand, ist einer der berühmtesten in der Geschichte der Parapsychologie geworden. Lincoln fragte (im Traum) einen Bediensteten, wer denn gestorben sei. »Der Präsident«, war die Antwort. »Er ist von einem Attentäter getötet worden.«

Dies war wenige Tage vor der Tat.

Das Gesetz der Serie, nach dem solche verwandten Ereignisse zu verlaufen scheinen, ist naturgemäß sehr viel häufiger zu beobachten, wenn die Ereignisse gleichzeitig oder zumindest in der gleichen Stunde oder am gleichen Tage auftraten. Der große Psychologe Carl Gustav Jung und der Physiker und Nobelpreisträger Professor Wolfgang Pauli waren von diesem Phänomen, das sie *Synchronizität* nannten, so fasziniert, daß sie eine gemeinsame Studie darüber verfaßten.

Es kommt bei der Synchronizität aber nicht auf die zeitliche

Gleichzeitigkeit, sondern stets auf die Gleich*sinnigkeit* an.

Jung selbst hat ein Beispiel aus seiner Praxis gegeben, das häufig zitiert wird: In seinem Hause bei Zürich hält Jung eine Analyse-Stunde für eine Patientin, die ihm über einen seltsamen Traum berichtet, in dem ein ägyptischer Skarabäus vorkommt. In diesem Augenblick wird die Aufmerksamkeit von Arzt und Patient auf ein Insekt gelenkt, das gegen die Scheibe geflogen ist. Es ist ein Rosenkäfer, das Abbild des Skarabäus.

Jung sah darin ein typisches Beispiel für das Zusammenfallen verwandter Dinge ohne kausalen Anlaß.

Der Londoner Wissenschaftsjournalist Peter Fairley berichtete im BBC-Rundfunk über einen selbst erlebten, sehr eindrucksvollen Fall von »multipler« Synchronizität[2]. In Fairleys Wohnung hingen einige Bilder, die den Hafen von Kanton in China zeigten. Eines Tages besuchte ihn ein bekannter Kunstkritiker. Er sah die Bilder und sagte: »Oh, Venedig. Ich komme gerade von dort.« Bei näherem Hinsehen bemerkte er aber schnell seinen Irrtum und erkannte das chinesische Motiv.

Als Fairley dies später beim Essen beiläufig seiner Frau erzählte, sagte diese: »Das ist seltsam, ich lese im Moment gerade ein Buch über Venedig. Und die Aufwartefrau erzählte mir heute morgen, ihre Nachbarin habe vorzeitig von Venedig zurückfliegen müssen, weil ihre Tochter am Blinddarm operiert werden solle. Die Ärzte hätten übrigens festgestellt, daß die Tochter ihren Blinddarm auf der linken Seite habe.«

»Das Kuriose ist«, fuhr Frau Fairley fort, »daß die Heldin in dem Buch, das ich lese, *auch* aus Venedig zurückfliegen muß, und *auch* weil ihr Sohn am Blinddarm operiert werden muß, und der ist *auch* auf der falschen Seite!«

Fairley hatte kaum abwarten können, bis seine Frau zu Ende geredet hatte, denn er hatte *auch* etwas ganz Ähnliches erlebt: Als er am Morgen in sein Büro kam, hatte dort ein Brief von einer Leserin gelegen, die beunruhigt war, weil bei ihrem Sohn Herz und Blinddarm auf der falschen Körperseite seien... Fairley hatte noch nie von einem solchen Fall gehört.

Frau Fairley ging hinaus, um das Buch zu holen. In ihrer Abwesenheit griff Fairley, einem Impuls folgend, in seine Brieftasche und holte eine Einladung für eine Filmpremiere heraus, die er mit dem Kopf nach unten auf den Tisch legte. Dann kam seine Ehehälfte mit dem Buch in der Hand zurück. Es war Daphne du Mauriers »*Don't Look Now*«. Die Premiereneinladung – muß es noch gesagt werden? – war für den Film »*Don't Look Now*«!

Die genannten körperlichen Anomalien und ihre mehrfache Verknüpfung mit Venedig sind so selten und unwahrscheinlich, daß die Wahrscheinlichkeit gegen den bloßen Zufall, könnte man sie statistisch angeben, astronomisch hoch sein würde. Fairley glaubt, daß das Zusammentreffen irgendeine verborgene Bedeutung hat, die er noch nicht begreift, aber vielleicht eines Tages zu erkennen vermag.

Wer darauf achtet, wird im täglichen Leben immer wieder Synchronizitäten finden. Es können zwei Briefe zum gleichen Thema sein, die ganz unvermutet am gleichen Tage eintreffen. Es können Ideen sein, die zur gleichen Zeit reifen. Gleiche Erfindungen werden zur gleichen Zeit gemacht, Bücher werden über das gleiche Thema geschrieben, ohne daß die Autoren voneinander wissen.

Die Schriftsteller Alan Vaughan, Arthur Koestler und Gerhard Steinhäuser haben ganze Synchronizitäten-Sammlungen angelegt. Am augenfälligsten sind die Häufungen von sehr ähnlich gearteten Unglücksfällen innerhalb kurzer Zeiträume, meist von 24 bis höchstens 72 Stunden, obwohl die geographische Streuung sehr breit sein kann. Man spricht dann gern von einer »Duplizität der Fälle«; oft wird sogar eine Triplizität daraus.

Beispiel: In den 24 Stunden bevor dieses Kapitel geschrieben wurde, ereignen sich drei ungewöhnliche schwere Eisenbahnunglücke, die sämtlich durch die Weltpresse gehen. Am 25. 2. 1978 entgleist in Waverley (Tennessee) ein Güterzug mit Propangaswagen. Das Gas explodiert und setzt einen Teil der Ortschaft in Flammen. Man meldet 9 Tote und 54 Verletzte. 2000 Einwohner werden aus ihren gefährdeten Häusern evakuiert.

Am gleichen Tage rast in Saa Pereya (Argentinien) ein Schnellzug auf einen auf einer Überführung stehenden schweren Lastwagen und entgleist. 45 Tote, 120 Verletzte.

Am Morgen des 26. 2. entgleist in Youngstown (Florida) ein Güterzug. Einige mit hochgiftigem Chlorgas gefüllte Tankwagen zerbersten, das tödliche Gas strömt aus. 8 Tote, 41 Verletzte. 1000 Einwohner fliehen aus ihren Häusern.

Vor allem der erste und der dritte Fall stellen offenkundig eine Synchronizität dar. Explodierende Tankwagen, die eine ganze Ortschaft zum Fliehen verursachen, sind nichts Alltägliches. Das Zusammentreffen von zwei beinahe identischen Katastrophen dieser Art bedeutet, mathematisch ausgedrückt, eine astronomisch hohe Wahrscheinlichkeit *gegen* die Annahme, daß es sich um einen Zufall handelt.

Der Volksmund sagt »Ein Unglück kommt selten allein«. Wenn jemand vom Unglück verfolgt wird, ist das jedoch keine Synchronizität, denn es sind dann ja gewöhnlich ganz verschiedenartige Widrigkeiten, die jemandem geschehen. Aber auch ihnen wohnen manchmal Sinn-Beziehungen inne, die dem Betroffenen offenbar werden, wenn er über sein Schicksal nachdenkt.

Durchaus nicht immer handelt es sich bei Synchronizitäten um unangenehme Dinge. Sie können auch einfach nur erheiternd oder schalkhaft sein. Im Frühjahr 1960 brachte die »Schweizer Illustrierte« das Bild einer »Schaltjahrfamilie« aus Charlottenberg in Schweden. In der Familie Berggren leistete sich der Klapperstorch schon seit drei Generationen den Spaß, stets an einem 29. Februar zu erscheinen. Großvater *Göran Berggren*, sein Sohn *Gösta* und dessen Frau *Britta* sind alle an einem Schalttag geboren, »und nun ist auch ihr Töchterchen am 29. Februar dieses Jahres zur Welt gekommen«.

Ein hintergründiger Humor scheint auch dem sychronistischen »Echophänomen« innezuwohnen, von dem Arthur Koestler in seinem Buch *The Challenge of Chance* berichtet.

»Man findet ein seltenes Wort in einem Kreuzworträtsel, das einem nicht vertraut oder unbekannt ist. In den nächsten Tagen taucht es in Büchern oder Zeitschriften immer wieder auf. Oder umgekehrt: Man hat eine Idee im Kopf und findet sie in den nächsten Tagen in einem Kreuzworträtsel reflektiert.«

Die hoch geheimen Codeworte für die alliierte Invasion in Nordfrankreich am 6. Juni 1944 tauchten in den der Landung vorangehenden zwei Wochen vier mal in Kreuzworträtseln britischer Zeitungen auf. Die britische Abwehr, berichtet Koestler, untersuchte die Sache sogar, ob etwa ein Geheimnisverrat vorlag, fand aber natürlich nichts.[3]

Die Aufzählung der Gleichsinnigkeiten und Beweise für ein Gesetz der Serie ließe sich endlos fortsetzen. Natürlich sind es meist ganz triviale Dinge, die uns im Alltag zustoßen. Wer auf diese »Zu-fälle« achtet, kann das Synchronizitäten-Sammeln mit guter Aussicht auf Erfolg selbst betreiben.

Das Triviale oder auch Ergötzliche solcher Begebenheiten verführt leider aber auch sehr leicht dazu, sie als – wenn auch noch so erstaunliches – Kuriosum zu behandeln, das weiteres Nachdenken nicht erlaubt oder lohnt. In Wirklichkeit ziehen aber gerade diese Kuriosa einen Zipfel des Schleiers weg, hinter dem sehr wohl ganz fundamentale, aber unseren Augen normalerweise verborgene Gesetzmäßigkeiten entdeckt werden könnten.

Man kann die Synchronizitäten und Serien nicht einfach als Beweis für eine Akausalität bezeichnen und es dabei belassen. Wenn etwas einen Sinn ergibt und dennoch keine materielle Ursache-Wirkung feststellbar ist, ist es damit noch nicht notwendig akausal. Man muß nur nach der Ursache außerhalb des Meßbaren suchen, und das deutet auf eine immaterielle Seite des Universums.

Es ist übrigens spekuliert worden, ob nicht die Präkognition dadurch zustande komme, daß eine unerkannte Ursache sowohl die Wahrnehmung als auch das Ereignis selber auslöst. Aber als Mittel zur materiellen Erklärung des Phänomens ist dies untauglich. Materiell kann Präkognition nur zustande kommen, wenn überfeine Sinnesorgane einen Gefahrenzustand – etwa ein bevorstehendes Erdbeben – signalisieren.

Noch »zur Hälfte materiell« wäre es, wenn jemand das Erdbeben träumt, weil sein Unbewußtes die schon vorhandene seismische Störung aufgenommen hat. Aber bei längerem Zeitabstand oder ganz ungewöhnlichem Geschehen versagt diese Erklärung. Wenn ein Mann im Traum sein Auto auf dem Garagen*dach* sieht und zwei Wochen später eine Explosion das Fahrzeug tatsächlich dorthin schleudert (es gibt viele Präkognitionsbeispiele dieser »fotografischen«, unwahrscheinlichen Kategorie) ist eine gemeinsame *materielle* Ursache von Traum und späterem Ereignis ausgeschlossen.

In jüngster Zeit sind zunehmend quantenmechanische Erklärungen für das paranormale Geschehen herangezogen worden. Auch das Verhalten eines Elektrons kann bekanntlich nicht vorausgesagt werden. Ein übergeordnetes Prinzip sorgt jedoch dafür, daß wir die Folgen dieser Indetermination nicht spüren. Der Tisch, an dem wir sitzen, löst sich nicht plötzlich auf, weil sich die Quanten, so unvoraussagbar sie einzeln sind, auf der Makroebene nach absolut zuverlässigen Wahrscheinlichkeitsgesetzen richten.

Aber die Quantenphysiker können nicht sagen, warum aus dem Zufallsverhalten der Elementarteilchen plötzlich die Ordnung wird, die unseren Tisch zusammenhält.

Wer schafft diese Ordnung? Der Physiker muß diese Frage an den Naturphilosophen weitergeben oder selbst zum Philosophen werden und annehmen, daß alle Materie von einer kosmischen Ordnungskraft zusammengehalten wird.

C.G. Jung war davon überzeugt, daß sich das Synchronizitätsprinzip auf eine universelle sinngebende Ordnung gründet, die komplementär zur Kausalität wirkt. Wolfgang Pauli sprach von einer metaphysischen oder absoluten Ordnung im Kosmos, die den Hintergrund für die physikalischen Erscheinungen liefert. Leibniz dachte sich seine Monaden als den ganzen Kosmos erfüllende Bewußtseinsquanten, auch wenn er den Quantenbegriff als solchen natürlich noch nicht kannte. Der Physiker und Nobelpreisträger Erwin Schrödinger glaubte an ein »Prinzip, das aus Unordnung Ordnung schafft«. Ähnlich drückte sich Max Planck aus.

Einstein hat die scheinbar bewiesene chaotische Welt der Quantenmechanik nie als letzten Schluß der Weisheit akzeptiert. Er brachte seine Skepsis mit dem berühmten Wort »Gott würfelt nicht« zum Ausdruck und stellte sich damit bewußt gegen die Auffassungen von Bohr, Heisenberg, Margenau, Pauli und vielen anderen, die die Indeterminiertheit subatomarer Vorgänge als eine Tatsache akzeptierten, an der nicht mehr zu rütteln sei.

In einem späteren Kapitel soll gezeigt werden, daß Einstein möglicherweise doch recht hatte, wenn auch die Anzeichen dafür von einer Art sind, an die er zu seiner Zeit nicht denken konnte. Vielleicht hätte der große Mann, könnte er uns über die Schulter schauen, nichts dagegen, wenn wir seinen Ausspruch erst einmal in einen anderen, größeren Zusammenhang stellen. »Gott würfelt nicht – *es gibt eine göttliche oder kosmische Kraft, die aus dem Chaos Ordnung schafft.*«

Denn darauf kommt es an. Diese Kraft ist dasselbe Lenkprinzip, das im Laufe einer zwei Milliarden dauernden Evolution aus den Uranfängen primitiven Lebens auf der Erde immer höhere Formen werden ließ.

Kapitel 5
Rückwärtsgang bis Cäsars Rubikon

Man geht heute davon aus, daß die außersinnliche Wahrnehmung (ASW), also Hellsehen, Telepathie und Präkognition, von Zeit und Raum unabhängig ist. Die Erfahrung hat gezeigt, daß die Geschwindigkeit von ASW-Signalen unendlich groß ist – wenn es überhaupt richtig ist, von »Signalen« zu sprechen!

Offen bleibt, ob wir dieses Gebiet mit physikalischen Begriffen überhaupt jemals völlig aufhellen können. Ist da nicht auch noch ein Element beteiligt, das womöglich überhaupt nicht zum physikalischen Universum gehört? Für Carl Gustav Jung stand das absolut fest; sein Denken setzte die Psyche des Menschen außerhalb materieller Bezugsgrößen.

Hier die Suche nach physikalisch-biologischen Bezugswerten, dort die nicht-einordbare Tiefenseele des Menschen. Kein gelehrter Jargon darf uns darüber hinwegtäuschen, daß zwischen Physik und Seelenkunde ebenso wie zwischen Wissenschaft und Religion noch immer ein tiefer Graben besteht. Parapsychologisch interessierte Wissenschaftler müssen sich ständig mit diesem Dilemma auseinandersetzen.

Nirgendwo sonst ist es schärfer und unbarmherziger als angesichts der Frage, ob die Präkognition etwa auf einer Umkehrung des sonst ehernen Gesetzes von Ursache und Wirkung beruht.

Den Parapsychologen war aufgefallen, daß sogenannte Psychokinese-Medien* sehr oft auch bemerkenswerte Hellsehfähigkeiten besitzen. Nicht selten kommen diese Fähigkeiten in »Schüben«, während sonst physikalische Effekte oder automatisch-mediales Malen – wie etwa bei dem jungen Brasilianer Luiz Antonio Gasparetto – dominieren. Auf jeden Fall liegt es nahe, anzunehmen, daß beide Psi-Formen auf gleichen Grundbedingungen fußen.

Sind sie dann auch ebenso gleich anwendbar? Die Frage hat es »in sich«; sie führt uns nach wenigen weiteren Schritten ins schönste Science-Fiction-Szenario. Denn bei gleicher Anwendbarkeit würden wir nicht nur mit ASW zeitlich vorwärts und rückwärts wahrnehmen, sondern ebenso mit PK die Vergangenheit ändern können.

Nun wird zwar niemand auf diese Weise seine eigene Geburt rückgängig machen können. Aber nach jedem Absurden kommt eine Stufe des weniger Absurden, eben noch Denkbaren. In diese Gruppe fallen sehr viele Aspekte der sogenannten »Grenzbereiche«; es ist Sache der Forschung, sie aufzuhellen. Angesehene Wissenschaftler wie der Deutschamerikaner Dr. Helmut Schmidt und der Edinburgher Psychologe Professor John Beloff und seine Mitarbeiter stellen deshalb mit vollem Recht die Frage, ob es etwa eine »Retro-PK«, d. h. rückwirkende Beeinflussung von Materie gibt.

Sie gingen dabei von dem Axiom aus, daß ein Quantenvorgang immer erst dann als in Raum/Zeit festliegend gelten kann, wenn er beobachtet worden ist. Dies wirft die Frage auf, ob es nicht die Beobachtung – anders ausgedrückt, ein vom Beobachter ausgehender Einfluß – ist, der den Vorgang so hat werden lassen, wie er schließlich beobachtet wird. Fast könnte man von Relativität sprechen!

Benutzt wird für die Retro-Experimente ein von Schmidt konstruierter Random**-Signalgenerator. Das Gerät erzeugt

* Psychokinese: Das Hervorbringen paranormaler physikalischer Effekte, z. B. Metallverformungen, und die Bewegung von Gegenständen, ohne sie zu berühren. In der Fachsprache abgekürzt PK. – Psi ist ein Sammelbegriff für alle Formen der ASW und PK.

** Random = Zufallsfolge.

entweder auf elektronischer Grundlage oder durch die Zerfallrate von Isotopenteilchen eine absolut unvoraussagbare Zufallsfolge von Binär-Signalen: ein tiefes »blip« und ein hohes »blip«. Eine solche Serie wird auf Tonband aufgenommen und erst zu einer späteren Zeit für den eigentlichen Versuch bereitgestellt. Die Zeitspanne dazwischen kann Stunden, Tage oder Wochen betragen, sie ist unerheblich, solange überhaupt Zeit verstrichen ist.

Der Versuchsperson wird vorsichtshalber nicht gesagt, daß sie sich für einen Retro-Test zur Verfügung stellen soll (in der wahrscheinlich nicht unberechtigten Sorge, daß dies beträchtliche Perplexität auslösen und vielleicht eine Blockierung der erhofften Psi-Kraft verursachen würde). Das Edinburgher Team ersann sogar ein komplettes Als-ob-Schauspiel. Die Testperson bekommt das Abspielgerät mit dem Tonband nie zu sehen, es bleibt in einem Nebenraum. Durch eine Zuleitung ist es mit den Kopfhörern verbunden, die die Testperson bekommt. Vor ihr auf den Tisch stellt man ein Kästchen mit der Aufschrift »Tragbares PK-Gerät«, um die Täuschung perfekt zu machen. Der Hörende glaubt, die Random-Signale in seinen Kopfhörern würden in eben diesem Augenblick von diesem Kasten erzeugt.

Nichts dergleichen geschieht. In Wirklichkeit hört er Signale aus der Vergangenheit, und er hat den Auftrag erhalten, diese Signale durch gedankliche Konzentration so zu beeinflussen, daß die hochfrequentigen »blips« stärker werden, nicht aber die niederen.

Die Forscher gehen davon aus, daß es extrem unwahrscheinlich ist, daß jemand durch bewußte Willensanstrengung gedanklich ein Tonband verändern kann, daß also »Makro-PK« ausgeübt wird. Wird der Verstärkungseffekt erreicht, kann er nur direkt beim Entstehen der »blips« ansetzen, also in der Vergangenheit!

Die Edinburgher Versuche verliefen bisher ergebnislos, in den USA dagegen brachte Helmut Schmidt es zu einigen signifikanten Ergebnissen. Es gibt aber zu viele andere mögliche

Einflüsse wie etwa PK auf die Geräteteile oder einen Effekt ähnlich wie bei den sogenannten »Tonbandstimmen«, als daß die Retro-PK schon als bewiesen gelten könnte.

Es gibt keinen theoretischen Einwand gegen die Retro-PK. Nichts in der Physik schreibt uns vor, daß eine Ursache auch *zeitlich* vor der Wirkung kommen muß; wir sind nur gewohnt, es uns so zu denken. Wer die Reihenfolge umdreht, stellt die praktische Physik und die klassische Logik auf den Kopf, handelt aber, wenn er nach Beweisen forscht, dennoch wissenschaftlich.

Vielleicht gibt es in der Psychometrie sogar schon eine Parallele zur Retro-PK. Ein gutes Psychometriemedium wird durch Befühlen von Gegenständen in die Lage versetzt, Aussagen über dessen Geschichte und frühere Eigentümer zu machen. Diese Eindrücke kommen meist von der Gegenwart rückwärtslaufend in Bildern, ähnlich wie ein Film, der dann aber an der »gemeinten« Stelle in der Vergangenheit – oder derjenigen, die die stärkste emotionale Einprägung hat – gewissermaßen stehenbleibt. Das englische Medium Suzanne Padfield empfindet dann ein Gefühl, als ob die Partikel des Gegenstandes eine ganz bestimmte Qualität annehmen und mit ihrem Körper direkt in Verbindung stehen. Man könnte daraus postulieren, daß hier eine »PK mit umgekehrten Vorzeichen« aus der Vergangenheit erfolgt.

Im vierdimensionalen Raum-Zeit-Kontinuum hat jeder Gegenstand seine »Weltlinie«, ein von H. Minkowski geprägter Begriff, der die raumzeitliche Bewegung, d. h. die Geschichte eines Objekts, anzeigt. Wer sich auf eine Weltlinie einstimmen kann, ein Medium also, kann im günstigen Fall dessen Vergangenheit wahrnehmen. So etwas scheint bei der Psychometrie zu geschehen.

Nach Minkowski leben wir inmitten eines Netzes von Weltlinien aus der Vergangenheit in die Gegenwart. Aber nehmen wir einmal an, das Netz erstrecke sich auch in die Zukunft: Ich, meine Familie, mein Haus, mein Auto, wir alle haben Weltlinien, die irgendwo in der Zukunft bereits »aufgehängt« sind, die in eine ganz bestimmte Richtung gehen. Wenn irgend etwas diese Saite an einem Zukunftspunkt ins Klingen bringt, tönt sie auf ihrer ganzen Länge, also auch dort, wo vom momentanen Standpunkt aus Vergangenheit oder Gegenwart ist.

Und nun gibt es wiederum nichts in der Physik, was den Forschenden daran hindert, anzunehmen, daß bestimmte Saiten schon von Anbeginn an auf eine ganz bestimmte Weise schwingen und klingen, so daß sich die Geschichte zwangsläufig entlang einer bestimmten Linie entwickelt. Praktisch hieße das:

Weil dem Römischen Reich und seinen Nachfolgern eine ganz bestimmte Entwicklung bestimmt war, mußte Cäsar den Rubikon überschreiten. *Weil* die Fortentwicklung der westeuropäischen Völker, ihr Kollektivschicksal den Stand des Jahres 1980 oder 2000 zu erreichen hatten, mußten sie durch die Katastrophen der beiden Weltkriege hindurch, ihre Kolonialreiche verlieren usw. *Weil* Herrn X. die Invalidität vom Schicksal bestimmt war, kaufte er einen »Unfallwagen«...

Wenn die Dinge so liegen sollten, würde unser Schicksal einer ganz spezifischen Form der Rückwärtskausalität unterliegen: Die Zukunft – oder besser gesagt, gewisse Landmarkierungen in der Zukunft – zöge die Gegenwart lenkend an den Fäden eines unendlich feinen Netzes. Man könnte, einer Idee von E. Meckelburg folgend, auch an einen Hochfrequenz-Schwingkreis mit Rückkoppelung denken. Der Geschehnisablauf pendelt sich gewissermaßen auf eine Schicksalssituation ein, die aus einem Überraum-Schwingkreis in den individuellen Schwingkreis eingegeben wird.[1]

Es ist also durchaus möglich, mit wissenschaftlichen Begriffen eine Hypothese der Rückwärtskausalität aufzubauen. Nur darf nicht vergessen werden, daß die Ursachen dann stets aus einer höheren Dimensionalität kommen müssen, in denen sie von der Zeit unabhängig sind. Das gängige materialistische Weltbild läßt sich mit Hilfe der Rückwärtskausalität jedenfalls nicht verteidigen.

Eine andere Vermutung ist, daß wir nicht das künftige Ereignis selber, sondern nur unsere eigenen Sinneseindrücke – etwa das Lesen von Zeitungsnachrichten oder Hören von Rundfunksendungen – vorauserleben. Tatsächlich scheint dies viel häufiger zu geschehen, als gewöhnlich angenommen wird. Menschen berichten, daß sie Tage oder sogar Wochen vor dem eigentlichen Ereignis visuelle oder Gehörhalluzinationen hatten, die im bildlichen Detail oder im genauen Wortlaut dem entsprechen, was sie später »wirklich« sehen oder hören.

Die englische Volkswirtschaftlerin Lady Rhys-Williams hat der Londoner *»Society for Psychical Research«* mehrere solcher Erlebnisse berichtet.[2] Am 17. Januar 1964 hörte sie um 4 Uhr morgens eine Nachrichtensendung des Senders »Voice of America«: In Atlanta (USA-Staat Georgia) hatte es Kämpfe zwischen Ku-Klux-Klan-Anhängern und Farbigen gegeben; die Polizei mußte Gewalt anwenden, um die Kämpfenden zu zerstreuen.

Lady Rhys-Williams erzählte das Gehörte am Morgen ihrer Tochter, aber die Zeitungen dieses und des folgenden Tages brachten nichts. Erst Tage später meldete der BBC-Rundfunk, daß es Unruhen in Atlanta gegeben habe, und nun berichteten auch die großen Blätter darüber. Lady Rhys-Williams schrieb an die »Voice of America« und erhielt die Auskunft, daß die Unruhen am Abend des 18. Januar (bei Berücksichtigung der Zeitdifferenz also 48 Stunden nach den »gehörten« Nachrichten) erfolgten.

1957 »sah« die Lady in der Londoner »Times« einen Bericht über eine Verschlechterung der wirtschaftlichen Lage der Kleinbauern. Sie schrieb daraufhin einen Brief an Premierminister Macmillan. Aber als sie später den Bericht ausschneiden wollte, war er nicht da! Der Bericht erschien in der Ausgabe der »Times« vom folgenden Tage.

Diese Erlebnisse erinnern an das vor allem in Skandinavien häufig auftretende sogenannte »Vadögr«-Phänomen. Der Wahrnehmende hört dabei gewöhnlich Geräusche wie das Aufschließen der Tür, die vertrauten Schritte des Heimkommenden auf der Treppe, das Klirren von Geschirr – aber *bevor* der Betreffende tatsächlich heimkommt und die Geräusche dann wirklich verursacht.

Sehr häufig ahnen Menschen die Zeitungsnachrichten des nächsten Tages voraus, wenn auch meist nur bruchstückweise.

Man hat argumentiert, daß es sich dabei um reines Hellsehen von zur gleichen Stunde geschehenen – oder in einer Zeitungsredaktion bearbeiteten – Ereignissen handele. Da jedoch heute bei größeren Unglücken meist die Zeit des Geschehens genau verzeichnet wird, läßt sich nachweisen, daß das Vorwissen dem Ereignis in der Tat meist vorangeht.

Vollends ausgeschlossen ist die Hellseh-Hypothese, wenn eine oder zwei Wochen dazwischenliegen oder wenn etwa Teile von Funkhörspielen »gehört« oder von Filmen »gesehen« werden, lange bevor die Manuskripte dazu geschrieben, die Regie geplant oder die Schauspieler das Drehbuch gelesen haben.

Das gleiche gilt sicherlich auch für alle jene Fälle, in denen die Wahrnehmenden vom tragischen Zukunftsgeschehen regelrecht überfallen werden. Sie spüren die Bedrängnis der Opfer eines Unglücks körperlich; sie erleiden minutenlang die körperliche Pein eines anderen, der in der Zukunft schwer erkranken wird. Letzteres setzt sehr starke mediale Veranlagung und »Einstimmung« auf den anderen voraus. Gelegentlich geht das Gefühl des Unglücks von einem *Ort* aus, an dem ein solches Unglück erst geschehen *wird.*

Der Voraussehende wird in allen diesen Fällen zum Vorausleidenden. Es ist eine Erfahrung, die auf einer anderen Ebene liegt als das Zurkenntnisnehmen einer noch so ungünstigen Nachricht aus Zeitung oder Fernsehen.

Nach der Entführung des deutschen Arbeitgeberpräsidenten Hanns Martin Schleyer durch Terroristen im Herbst 1977 hatte ein Schweizer eine Wachzustand-Vision von Schleyer, der sich in einem aus *Müll* gebauten *Haus* befand. Er verstand das Erlebnis nicht, aber vier Tage später wurde Schleyer in *Mülhausen* tot aufgefunden![4]

Sein Unterbewußtsein, auf Schleyers Schicksal »eingestimmt« durch die zahlreichen Nachrichten über die Suche nach den Entführern, hatte eine präkognitive Botschaft in Bildform verkleidet, genauso, wie es unsere Träume tun. Wie viele Menschen mögen damals im Traum verschlüsselte Hinweise erhalten haben, ohne sie zu erkennen?

Sehr wahrscheinlich bleibt der größere Teil der von uns aufgenommenen Präkognition im Unbewußten. Der Amerikaner W.E. Cox stellte beispielsweise fest, daß Eisenbahnzüge an Tagen, an denen größere Bahnunglücke geschehen, weniger Passagiere befördern als sonst. Die Menschen folgen in solchen Fällen offenbar ganz unbewußten Impulsen, für die das Verstandesgehirn dann irgendeinen rationalen Grund findet.

So bleiben eigentlich nur zwei »Erklärungen« für die Präkognition übrig, und beide sind nicht bequem: Entweder hängen bestimmte Dinge schon an den Fäden einer (Rückwärts-)Kausalität, oder das Unbewußte des Menschen reicht in eine Ebene, auf der das für uns Zukünftige in einem nichtmateriellen Sinn schon geschehen ist.

Kapitel 6
Was sagen die Hellseher?

Wer wissen will, was Zukunft und Schicksal ist, kann auf eine Befragung der Hellseher kaum verzichten, will er nicht vor der Lebenswirklichkeit die Augen verschließen.

Der Begriff Hellseher ist nicht geschützt; jeder kann sich so nennen – leider. Daraus folgt, daß es sich um einen stark unterschiedlichen Personenkreis handelt. Unseriöse Wahrsager arbeiten mit Gemeinplätzen, die sie geschickt auf die Person des vor ihnen sitzenden Klienten zuschneiden. Seriöse Hellseher benutzen zwar auch oft Hilfsmittel wie Karten oder Handlinien, aber im Grunde erhalten sie ihr Wissen aus einer anderen Dimension. Dieses Wissen kommt zu ihnen auf individuelle Weise: Die Form der inneren Bilder oder des plötzlichen inneren Wissens ist die häufigste.

Echte Hellseher sind keine Jahrmarkts-Automaten, in die man eine Münze wirft, um ein wertloses »Horoskop« dafür zu erhalten. Ihr Informationsfluß kann stocken, oder zwischen ihnen und dem Klienten wird irgendwie etwas blockiert. Seriöse Hellseher werden dies sofort zugeben und dann auch kein Honorar annehmen.

Jene, die das »zweite Gesicht« haben, die »Spökenkieker« in der norddeutschen und friesischen Tiefebene, sind hier zunächst ausgeklammert. Diese Menschen, die von ihren präkognitiven Erlebnissen ungewollt überfallen werden, ja sie fürchten, weil es sich oft um Tod oder Unglück handelt, bilden eine Kategorie für sich.

Der Verfasser bat verschiedene Hellseher, von deren Vertrauenswürdigkeit er sich überzeugte, um eine Darstellung der Art, in der sich die Zukunft ihnen zeigt.*

Erwin Grüning (Salem) benötigt den Namen und das Geburtsdatum dessen, über den er aussagen soll. Es ist nicht notwendig, daß der Ratsuchende persönlich anwesend ist.

Aufgrund des Geburtsdatums kann sich Grüning auf den »Gemeinten« konzentrieren. Er erhält dann blitzartige, nur Sekunden andauernde Einsichten, Bilder wie aus einem Film, deren Inhalt er in einer nur für ihn lesbaren Schrift (s. Abbildung) aufzeichnet. Damit ist die Impression festgehalten.

Grüning glaubt nicht an ein in allen Dingen unabänderlich feststehendes Schicksal, sieht es aber als seine Pflicht, den zu ihm kommenden Menschen manche Gefahren deutlich zu sagen, um ihnen die Möglichkeit des Abwendens zu geben. Sein Großvater, ein Schäfer in der Lüneburger Heide, hatte das »zweite Gesicht«.

I. Laurenz Nitsche (Pforzheim)

»Eine Eingebung kommt nicht immer auf Abruf. Sie kann in den unmöglichsten Situationen kommen, in denen man gar nicht auf sie eingestellt ist. Und das sind die Dinge, von denen man überzeugt sein kann, daß sie hundertprozentig eintreffen. Ein Hellsichtiger muß ein sensitiver Mensch, eine Gefühlsperson sein, für Dinge empfänglich, die der Durchschnittsmensch nicht aufnimmt. Aber es gibt auch gewisse Menschen, zu denen ich keinen Kontakt bekomme. Es fließt nichts über von ihnen zu mir. Das passiert vor allem bei arroganten Menschen. In dem Augenblick, in dem ich es mit einer arroganten Person zu tun habe, fällt eine Klappe herunter, und jeder Kontakt ist unmöglich. Das sind zwar Ausnahmefälle, aber eben ein Beweis, daß solche Charaktereigenschaften den psychischen Informationsfluß hemmen.«

Die englische Hellseherin *Kathleen Stranks:* »Ich nehme die Handlinien eines Menschen zu Hilfe. Man kann aus ihnen seine

* Adressen im Anhang.

Der Hellseher Erwin Grüning hält mit blitzschnellen Strichen und Zeichen auf einem Blatt Papier die auf ihn zukommenden Eindrücke fest, während er sich auf einen Klienten einstellt (oben). Nur er selbst kann diese »Stenografie des Außersinnlichen« später lesen.

Anlagen erkennen und was er aus ihnen gemacht hat, aber in gewissem Grade auch die Zukunft. Zu letzterem gehört allerdings viel Erfahrung, Verantwortungsgefühl und Intuition. Außerdem benutze ich Tarotkarten als Konzentrationshilfe. Ich lege jeweils sechs Karten aus. Aus der Art, wie sich bestimmte Ausdrucksbilder wiederholen, kann ich Anzeichen über den zeitlichen Fortgang einer bestimmten Entwicklung entnehmen.

Ich glaube, daß bestimmte Ereignisse in unserem Leben unverrückbar festliegen. Wir können ihnen nicht ausweichen, was immer wir tun mögen. Diese Ereignisse kann ich oft sehen. Dazwischen aber liegen längere Perioden, bis zu fünf oder sechs Jahren, bei denen wir selber mitwirken an unserem Geschick. Wir bewegen uns in der Zeit von einem zum nächsten dieser Geschehnisse.

Es gibt also zwei Arten von Präkognition. Einmal die intensive Erfassung von Strömungen und dann das spontane Erfaßtwerden durch festliegende Bilder.

Nichts auf Erden kann diese letzteren, die unverrückbaren Ereignisse abwenden. Sie sind wie Lektionen, die wir lernen *müssen.* Aber wie wir auf sie reagieren, das ist wichtig und kann unser Ergehen in der übrigen Zeit direkt beeinflussen.

Manchmal, wenn ich über jemanden nachdenke, werde ich plötzlich von der Gegenwart in eine Situation transportiert, die irgendwann in der Zukunft liegt, Stunden, Wochen oder sogar Jahre, und es ist so deutlich, als geschähe es jetzt. Das sind dann Dinge, die unbedingt eintreten werden.«

Gabi Hoffmann (Berlin), die als Hellseherin der wirtschaftlichen, künstlerischen und zum Teil auch politischen Prominenz in zunehmendem Maße bekannt geworden ist:

»Ich brauche die persönliche Gegenwart des Ratsuchenden, er muß vor mir sitzen, ich muß mich ganz und gar auf ihn konzentrieren. Zur Einstimmung lege ich die Karten, aber sie sind weiter nichts als ein Hilfsmittel für mein Unterbewußtsein. Dann lese ich aus den Händen und aus dem Gesicht.

Die persönlichen Umstände und Probleme der Menschen

treten dann sozusagen aus ihm heraus und werden für mich sichtbar und fühlbar. Nach der Gegenwart zeigt sich meist die Zukunft zuerst und erst danach die Vergangenheit. Manchmal sehe ich die Klienten als alte Menschen. Bilder flimmern auf und Daten, letztere in meinen eigenen Schriftzügen. Beim Lesen der Hand ist es, als ob vor meinem inneren Auge ein Film abläuft.

Mit absoluter Sicherheit zeigt sich die Zukunft mir jeweils etwa zwölf Monate voraus. Wenn ich ›Sicherheit‹ sage, meine ich aber nicht, daß alles Geschehene so und nicht anders eintreffen muß. Vieles ist abwendbar, wenn man eine sich ankündigende Gefahr kennt, wenn die Voraussetzungen sich ändern oder vom Klienten geändert werden. Ich kann auch Menschen vor Krankheiten warnen und sie so veranlassen, rechtzeitig zum Arzt zu gehen.

Die Leute sagen dann, sie würden meinen Rat befolgen, aber manchmal spüre ich deutlich, daß sie es doch nicht tun werden.

Den Rest eines Lebens sehe ich dann in groben Zügen. Es ist bei den ersten zwölf Monaten so, als ob ich direkt vor einem Hause stehe; danach sehe ich es sozusagen aus hundert Meter Entfernung.

Aus manchen Menschen sprechen tragische schicksalhafte Ereignisse oder schwere psychische Belastungen. Ich leide dann unter diesen Eindrücken oft so, als ob ich sie selbst ertragen müsse, und brauche längere Zeit, sie wieder abzuschütteln. Es kommt vor, daß ich den Tod eines Menschen, wenn er innerhalb der nächsten fünf Jahre eintritt, körperlich und psychisch erlebe.

Ich bin ganz sicher, daß nicht alles in unserem Leben fest vorausbestimmt ist. Etwa 40 Prozent können wir mit unserem freien Willen gestalten, und beim Rest besteht meist die Möglichkeit des Ausgleiches und Abmilderns.«

Auch Gabi Hoffmann hat das Hellsehen von Urgroßmüttern und Großmüttern geerbt. Vermutungen, daß sie eine gute Psychologin sei und die vor ihr sitzenden Menschen und ihre Probleme schnell durchschaue, weist sie entschieden zurück. »Ich bitte meine Klienten, vorher grundsätzlich nichts von sich zu erzählen. Im übrigen habe ich schon als Dreizehnjährige den Leuten die Zukunft richtig vorausgesagt; in dem Alter hatte ich bestimmt noch keine Menschenkenntnis.«

Dagmar Wackermann (Düsseldorf): »Ich muß nur das Alter eines Klienten wissen. Dann sehe ich mir in der Hand die Vergangenheit an. Dazu benutze ich Maße, denn grob gesagt entspricht ein Millimeter etwa einem Lebensjahr. So kann ich bestimmte Ereignisse genau ablesen...Jede Linie hat eine bestimmte Aussage. Aber das Zusammenspiel ist das wichtigste. Denn viele Merkmale widersprechen einander, und eine Wahrsagerin braucht viel Erfahrung und Intuition, um das Gesamtbild zusammensetzen zu können...

Kein Mensch ist in unserer turbulenten Zeit so gefestigt, daß man ihm über mehr als drei bis vier Jahre hinaus etwas vorhersagen kann. Die Umwelt verändert sich viel zu schnell, und immer Neues stürmt auf den Menschen ein. Innerhalb von drei oder vier Jahren kann ein Mensch seine Grundhaltung völlig verändern, und ich sehe nur Ereignisse und Veranlagungen, die auf seiner gegenwärtigen Grundhaltung basieren.

Wenn man die Grundtendenzen kennt, hat man die Möglichkeit, die Ereignisse zu steuern. Es ist nicht alles Schicksal. Auch vorausgesehene Ereignisse sind beeinflußbar.«[1]

Dagmar Wackermann unterscheidet sich graduell von den vorher genannten Hellsehern, da sie in erster Linie Chirologin (Handlinienexpertin) ist. Aber sie bekräftigt, daß die Deutung nur mit Hilfe von Erfahrung und Intuition möglich sei.

An diesen Beispielen sind starke Gemeinsamkeiten, aber naturgemäß auch individuelle Unterschiede zu erkennen. Alle bringen gemeinsam zum Ausdruck, sie wüßten nicht, »woher« die ihnen zufließenden Bilder oder intuitiven Informationen kämen. Einige meinen, ihre Gabe sei ihnen eben von Gott gegeben worden, damit sie anderen Menschen helfen.

Niemand bedauert das Treiben von Scharlatanen mehr als die seriösen Hellseher. Läßt sich etwas dagegen tun? Gabi

Hoffmann, die übrigens als Hellseherin sogar ins Berliner Gewerberegister eingetragen ist, hält dies für möglich. Hellseher müßten eine Lizenz haben, meint sie, die ihnen endgültig erst dann gegeben wird, wenn ein Kreis von ausgewählten Personen eine »Testberatung« erhalten hat und nach drei bis fünf Jahren bestätigt, daß die vorausgesagten Dinge eingetreten sind oder wären, wenn man aufgrund der Beratung ihnen nicht vorgebeugt hätte.

Frau Hoffmanns Idee verdient Unterstützung, doch muß man leider bezweifeln, ob die Gesetzgeber dieses heiße Eisen anfassen. Müßten sie damit doch indirekt zugeben, daß es ein Hellsehen auf jeden Fall *gibt!*

Spiritualistische Halb- und Volltrancemedien gehören in eine andere Kategorie. Über sie soll hier nur in bezug auf die Zukunftssicht gesprochen werden. Pauschale Urteile über sie sind ebensowenig möglich wie bei den Hellsehern.

Es fällt auf, daß mediale Botschaften von einer jenseitigen Welt künden, in der die Zeit völlig subjektiv geworden ist. Ihr Verlauf (im Vergleich zur Erdzeit) wird nicht mehr von Uhren, sondern allein vom Zustand der Seele bestimmt.

Der Spiritualismus kennt niedere, sozusagen erdnahe Ebenen. Auf diesen gibt es noch ein Vorher oder Nachher, heißt es in medialen Übermittlungen. Je höher sich eine Seele entwikkele, desto mehr falle der Zeitsinn von ihr ab. Schließlich kann sie Vergangenes und Künftiges sehen, muß aber nun lernen, zwischen beiden zu unterscheiden.

Der Franzose *Pierre-Emile Cornillier* arbeitete jahrzehntelang mit Trancemedien. Seine Forschungen überzeugten ihn, daß es mehrere Möglichkeiten der medialen Zukunftssicht gebe. In den meisten Fällen, sagt Cornillier, erhalte das Medium von Geistwesen Antworten auf Fragen, oder die Wesen »zeigen« dem geistigen Auge des Mediums Abbilder des Kommenden. Diese seien oft äußerst realistisch. Das Medium *Reine* beschrieb nach solchen Bildern am 14. Februar 1913 Schlachten des Ersten Weltkrieges, der erst eineinhalb Jahre später begann.[2]

Eine zweite Möglichkeit ist Cornillier zufolge, daß das Medium oder ein hochentwickeltes Geistwesen sich in eine Art »kosmische Strömung« oder Schwingung einschaltet, die »Zeichen« enthält, aus denen es die Zukunft abliest. Die Zuverlässigkeit der Voraussage hängt dann von der Fähigkeit des Mediums oder Wesens ab, diese Zeichen richtig zu interpretieren.

Für den, der das Fortleben nach dem Tode und die Möglichkeit medialer Übermittlungen akzeptiert, ist die erstgenannte Methode vielleicht eine Erklärung der »fotografischen« Präkognition. Natürlich setzt das voraus, daß die nicht mehr an den Körper gebundene (schlafende, in Trance »freigesetzte« oder ganz vom Körper befreite) Seele über ein dem Wachbewußtsein weit überlegenes Vermögen des bildhaften Formens und Sehens verfügt.

Cornilliers »kosmische Strömungen« dagegen rühren abgrundtiefe Rätsel an. Von ihnen soll noch gesprochen werden.

Kapitel 7
Das Multiversum

Es ist Mai 1945, die letzten Tage des Zweiten Weltkrieges. Die deutschen Truppen haben sich aus der Tschechoslowakei zurückgezogen, die in Nordböhmen wohnende einheimische deutschstämmige Bevölkerung findet sich in Bedrängnis. Es geschieht mancherlei in diesen Tagen der Wirrnis.

In der Stadt Reichenberg ist eine junge Frau zusammen mit anderen Deutschen an einen Sammelpunkt, den Tuchplatz, beordert worden. Ein Milizsoldat führt sie dorthin. Als der Platz in Sichtweite kommt, sieht sie dort mehrere Maschinengewehre aufgebaut. Von allen Seiten werden Deutsche dorthin getrieben. Ein Dutzend Männer steht bereits mit erhobenen Händen mit dem Gesicht zur Hauswand.

Grete Ahr (heute in Gauting bei München wohnhaft) wird von Panik ergriffen, und sie denkt nur an eines: Flucht. Aber um in Richtung zu ihrem Arbeitsplatz fliehen zu können, hätte sie noch drei Straßeneinmündungen und etwa 100 Meter Platz überqueren müssen – und alle diese waren von Miliz besetzt! Außerdem hielt der mit ihr gekommene Milizsoldat sie jetzt sehr fest am Arm.

Was dann im Bruchteil einer Sekunde geschah, weiß Grete Ahr nicht mehr. In einem Augenblick wurde sie noch in Richtung auf den Platz gezerrt, im nächsten »fand ich mich laufend in der Seitenstraße und hörte nicht eher mit dem Laufen auf, bis ich in meiner Firma war... Sooft ich mich auch abmühte, zu ergründen, wie ich diese Wegstrecke hinter mich brachte und an den vielen bewaffneten Posten vorbeigekommen bin, ich kam zu keinem Ergebnis. Es ist auch nicht so, daß mein Bewußtsein ausgesetzt hätte. Ich war hellwach und kann nur sagen, daß zwischen dem Stehen auf der einen Seite des Platzes und dem Laufen auf der anderen für mich kein feststellbarer zeitlicher Unterschied bestand.«

Frau Ahr ist fest davon überzeugt, daß sie ihre Rettung dem Eingreifen jenseitiger Helfer verdankt. Die Parapsychologie kennt dieses seltene Phänomen als »Entrückung«. Der physische Körper wird in seiner Gänze an einen anderen Ort transportiert, ohne daß dabei eine Bewegung zwischen Ort A und Ort B oder ein Zeitablauf zu beobachten ist. Dies ist also nicht zu verwechseln mit dem Aussenden des Feinstoffkörpers oder Seelenkörpers.

Es gibt zahlreiche Berichte von Ereignissen, die man – um ein jedermann verständliches Schlagwort zu gebrauchen – unter der Kategorie »Bermuda-Dreieck« einreihen könnte. Schiffe und Flugzeuge verschwinden entweder ganz oder zeitweise, und falls sie überhaupt zurückkehren, stellen die Insassen fest, daß derweil keine oder nur ein Bruchteil der »normalen« Zeit vergangen ist. Mehrere Autoren schildern das Verschwinden eines britischen Regiments während des Ersten Weltkrieges, das auf den Dardanellen in eine Wolke hineinmarschierte und niemals wieder herauskam...

Der Nachteil dieser Schilderungen ist, daß die nicht mehr Zurückgekommenen sie nicht bestätigen können. In anderen Fällen werden Berichte von Militärdienststellen, Regierungsbehörden oder Fluggesellschaften dementiert oder heruntergespielt. Diese Stellen haben naturgemäß ein Interesse daran, die Öffentlichkeit nicht zu beunruhigen. Es ist deshalb oft sehr schwer, wenn nicht unmöglich, das Geschehene sicher zu verifizieren.

Aussagen wie die von Grete Ahr sind beweismäßig sehr viel höher einzustufen. Auch muß vermutlich ein Unterschied gemacht werden zwischen Entrückung und Raum/Zeit-Verwerfung, bei der das Element der Errettung aus höchster Gefahr fehlt. Bei einer Entrückung denkt der Gerettete an das Eingreifen höherer Mächte aus einer anderen Dimension, bei der Verwerfung dagegen sollten wir erst einmal nach magnetischen oder anderen Einflüssen suchen, die die Anomalie herbeiführen.

Beide haben gemeinsam, daß sie in »Nullzeit« geschehen. Das gleiche gilt auch für die sogenannten Apporte, jene ungeklärten psychokinetischen Phänomene, bei denen Gegenstände von einem Ort zum anderen »versetzt« werden, ohne daß dabei ein Bewegungsablauf oder Zeitablauf beobachtet wird. Selbst die erfahrensten Paraforscher haben niemals einen apportierten Gegenstand von einem Ort zum anderen fliegen sehen, ebenso wie sich kein Entrückter einer Reise durch die Luft bewußt wird.

Apporte treten praktisch nur in Gegenwart stark medialer Personen auf. Die Geschichte des Spiritismus kennt mehrere Fälle, in denen Medien in Trance – einige sogar an Händen und Füßen gefesselt – in einen anderen Raum oder außerhalb ihres Hauses »versetzt« wurden, ohne daß ihnen dabei ein Haar gekrümmt wurde.

Früher dachte man eher an eine zeitweilige Auflösung der Materie. Heute herrscht mehr die Ansicht vor, daß die apportierten oder entrückten Gegenstände oder Personen einen Dimensionssprung vorgenommen haben. Das, was zwischen A und B liegt und ohne Zeitablauf durchquert wird, könnte man als »Überraum« bezeichnen.

Ein gedachtes zweidimensionales Lebewesen, das sich auf einem Blatt Papier bewegt, kann sich die vertikale dritte Dimension nicht vorstellen. Könnten wir es hochheben oder ihm einen dreidimensionalen Körper bewußt machen, so wäre das für dieses Wesen ein paranormaler Eingriff. Ließen wir den Schatten eines 3-D-Körpers auf das Papier fallen, dann hätte das Wesen wenigstens einen Anhaltspunkt dafür, daß es noch höhere Dimensionen tatsächlich *gibt.*

Mit anderen Worten: Räume oder Körper, die mehr Dimensionen haben als die unserer 3-D-Welt, können von uns in der

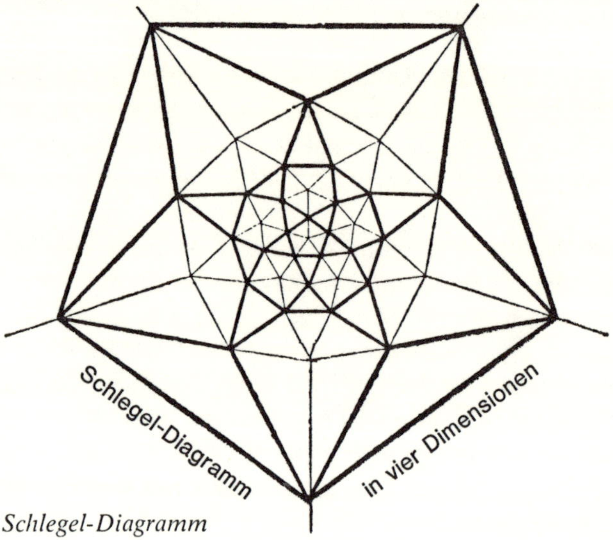

Das Schlegel-Diagramm

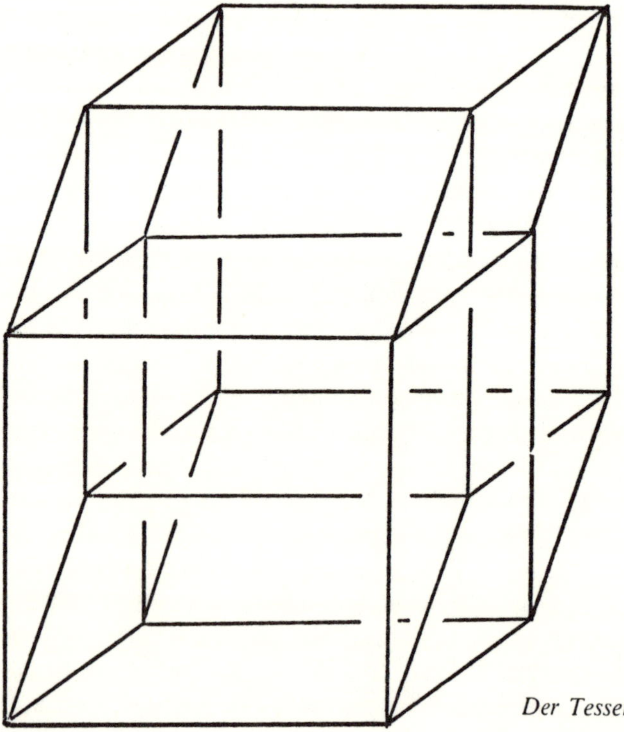

Der Tesserakt

Regel nur indirekt wahrgenommen werden. Wir müssen andere Beweismaßstäbe als die der 3-D-Welt an sie anlegen.

Es erfordert einige intellektuelle Anstrengung, in der Vorstellung einen vierdimensionalen Körper festzuhalten. Wir sind in dieser Beziehung ein wenig in der gleichen Lage wie das hilflose zweidimensionale Streichholzmännchen auf dem Blatt Papier. Aber es sind Versuche gemacht worden, die Vierdimensionalität zeichnerisch darzustellen. Die bekanntesten sind das »Schlegel-Diagramm« und der »Tesserakt« (Abb. S. 56). Die Zeichnungen machen deutlich, wie schwer Dinge außerhalb der 3-D-Welt anschaulich zu machen sind. Mathematisch läßt sich die Existenz höherer Dimensionen dagegen ohne weiteres demonstrieren; ihrer Zahl ist theoretisch keine Grenze zu setzen.

Das Lehrgebäude der klassischen Physik war mit der Quantenmechanik bereits überholt. Ein atomarer Vorgang, dessen Ort und Zeitpunkt bekanntlich nicht voraussagbar sind, kann außerhalb des meßbaren Universums gedacht werden. Das Partikel verschwindet in einem nicht voraussagbaren Augenblick aus der beobachteten Dreidimensionalität und taucht ebenso unvoraussagbar an einem anderen Ort wieder auf.

So ist es völlig natürlich, daß Physiker zum Denkmodell eines »Multiversums« geführt wurden, das aus einer Vielzahl von Universen oder Dimensionen besteht, die sich gegenseitig nicht beobachten können. Sie verhalten sich orthogonal* zueinander.

Gautama Buddha sprach schon vor 2500 Jahren von einem Universum aus unzähligen Weltsystemen. Meinte er damit nur andere Sterne und Galaxien, oder dachte er auch an andere Dimensionen? Denn diese sind für uns potentiell viel wichtiger als ferne Milchstraßen. Sie sind um uns herum, aber eben nicht wahrnehmbar.

Die Physik, die das Konzept des Weltäthers - vielleicht doch

* orthogonal: Ohne gemeinsame Berührungsflächen. Im sogenannten Hilbert-Raum gibt es keine Wechselwirkungen zwischen den Universen.

vorzeitig – verlassen mußte, weil er keine experimentellen Fortschritte mehr versprach, wird nun zu viel gewagteren Gedankengängen geführt. Es scheint sich das Wort von Niels Bohr zu bestätigen, der einmal von einer Theorie sagte, sie sei »verrückt, aber nicht verrückt genug, um wahr zu sein«.

Angelpunkt der vieldimensionalen Kosmologie ist die *Branching Universe Theory** der Amerikaner John H. Wheeler (Princeton), H. Everett und N. Graham.[1] Sie überträgt die Quantenmechanik auf das gesamte Universum: es verzweigt sich unablässig, mit jedem Quantensprung, in Tausende und aber Tausende von anderen Universen oder Dimensionen. Diese sind orthogonal gelagert, also ohne physikalische Verbindung. Ob es eine *mentale* Verbindung zwischen ihnen gibt, ist eine andere Frage, die aber die Physik nicht beantworten kann.

Wheelers Theorie ist mathematisch nicht widerlegbar, aber ebensowenig ist sie praktisch begreifbar. Denn sie besagt, daß wir jederzeit in ein anderes Universum transportiert werden können; es ist nur dem Zufall und den Wahrscheinlichkeitsgesetzen zu danken, daß wir uns in diesem Augenblick gerade in »unserem« 3-D-Raum aufhalten und seiner bewußt sind.

Etwas beunruhigend ist auch, daß sich nach Wheeler der kleinste atomare Vorgang per Dimensionssprung in den fernsten Galaxien auswirken würde. Wenn jemand niest, bebt es irgendwo am anderen Ende des Universums...

Der britische Nobelpreisträger Professor Brian Josephson (Cambridge) und der Atomphysiker Professor John B. Hasted (London) haben sich mit diesem Konzept seit 1975 mehrfach auf *Parascience*-Konferenzen, die in London stattfanden, auseinandergesetzt. Josephson postulierte ein Parallel-Universum, das ständig vorhanden ist, aber normalerweise vom Gehirn »weggefiltert« wird. Eine Bewußtseinsveränderung kann

* Theorie des sich verzweigenden Universums. Nicht zu verwechseln mit einer anderen Wheeler-Hypothese, die die gesamte Materiewelt mit allen Himmelskörpern als eine Art Kranz sieht. Das Loch dieses Kranzes ist »*Hyperspace*«, d. h. ein Überraum, in dem Zeit und Raum nichts mehr bedeuten.

es dann plötzlich sichtbar werden lassen. Hasted hielt es für erlaubt, zu spekulieren, daß von jedem Menschen »Abbilder« in anderen Dimensionen bestehen.

Für die meisten Physiker war die Vielwelttheorie bisher mehr eine theoretische Abstraktion, eine graphische Darstellung. Sie war und ist nicht widerlegbar, aber es geht mit ihr ähnlich wie mit dem »langsamer Altern« der Einsteinschen Zeitdilatation: sie erfordert eine Vergewaltigung des normalen Denkens, sobald man sie sich *praktisch* vorstellen will.

Selbst noch nach dem Uhrenexperiment in der Boeing 747 zogen es viele Wissenschaftler vor, sich nicht ohne Zwang mit der Zeitdilatation auseinanderzusetzen. Das gleiche galt bisher auch für die Vielwelthypothese. Aber die Prioritäten haben sich inzwischen verschoben. Auf lichtschnelle Raumfahrt werden wir noch lange zu warten haben, während die Para-Wissenschaften uns mit dem »Multiversum« schon jetzt konfrontieren.

Es liegt auch hier wieder Ironie darin, daß John Hasted seinen Verdacht, das Vielfachuniversum könne mehr sein als eine quantentheoretische Abstraktion, durch etwas angeregt fand, das die Wissenschaft jahrelang verächtlich unter die Scharlatanerie eingeordnet hatte: die paranormale Metallverbiegung.

Während die breite Öffentlichkeit und das wissenschaftliche Establishment vor den beunruhigenden Tatsachen Zuflucht in der Annahme suchte, das Löffelbiegen sei weiter nichts als ein Bühnentrick, arbeiteten Physiker wie die Professoren Hasted und Taylor in Großbritannien, der Franzose Dr. Charles Crussard und in Deutschland unter anderem ein Team des Freiburger Institutes für Grenzgebiete der Psychologie unter Prof. Hans Bender geduldig und ohne viel Publizität an der wissenschaftlichen Sicherung des Phänomens, dem die Laienwelt den Namen »Geller-Effekt« gegeben hatte.

Sie fanden dabei mit dem Franzosen Jean Pierre Girard und dem Berner Grafiker »Silvio« zwei Medien, die sich viel besser zur Laborarbeit eigneten als ihr unsteter Vorläufer. In jahrelanger Arbeit wurden die durch sie hervorgebrachten Phänomene getestet, gemessen und gefilmt, bis endgültige Sicherheit bestand. Professor Charles Crussard lud eminente französische Wissenschaftler als Zeugen zu seinen Versuchen mit J.P. Girard ein, wobei sich ein Metallstück in der Hand eines Nobelpreisträgers respektlos krümmte.

Ein selber hoch angesehener Physiker berichtete dies Ende 1977 auf einem Londoner Seminar. Augenzwinkernd fügte er hinzu: »Der Nobel-Laureat möchte nicht genannt werden.« Er habe den Erkenntnisschock – und es *sei* ein Schock gewesen – noch nicht überwunden.

Verständnisvolles Schmunzeln bei den Zuhörern.

Bühnenmagier kennen raffinierte Tricks, mit denen sie die Metallverformung »nachvollziehen« können. Sie tun dies mit Hilfe der vielen Täuschungsrequisiten ihres Metiers oder indem sie die Aufmerksamkeit der Zeugen ablenken und blitzschnell den Testgegenstand manipulieren. Wissenschaftliche Versuche liegen auf einer anderen Ebene.

Bei seinen Tests mit Kindern bis zu 14 Jahren in England kalkulierte Professor Hasted jedoch stets ein »Lausbubenrisiko« ein. Ein ins Haus kommender Professor, der den Löffelkünstler prüfen will, bedeutet meist Lampenfieber, und das kann den paranormalen Vorgang völlig blockieren. Die frustrierten Jungen suchen dann manchmal nach Gelegenheiten zum »Nachhelfen«, wenn sie sich unbeobachtet glauben. Hasted und seine Kollegen fanden die Sünder, indem sie so taten, als schauten sie nicht hin. Oder sie gingen hinaus, ließen aber einen Videorecorder zurück.

Hasted testete in einer späteren Serie mit verfeinerten Methoden 20 Personen unter rigorosen Bedingungen, die jeden Betrugsverdacht ausschließen. Er benutzte unter anderem eine Glaskugel mit sehr kleiner Öffnung, in die er einzeln, Stück für Stück, Büroklammern hineinwarf. Ein Elfjähriger machte aus diesen – innerhalb der Kugel! – durch gedankliche Konzentration kunstvoll verschlungene »Skulpturen«. Einige wurden in einer Londoner Kunstgalerie verkauft. Die Kunden nahmen an – und glauben vielleicht noch heute –, daß sie vom Künstler mit den Fingern gefertigt waren.

Nachdem er sich von der Paranormalität des Effekts überzeugt hatte, suchte Hasted Klarheit darüber zu gewinnen, wie und in welcher Form die metallverbiegende Psychokinese zur Wirkung ansetzt. Er ersann dazu ein Experiment von raffinierter Einfachheit.

Im Testlabor wurden mehrere Sicherheitsschlüssel so aufgehängt, daß die Verbindungslinie zwischen ihnen eine Fläche bildete. Das ist erzielbar mit einem Minimum von drei Schlüsseln. In den Griff eines jeden Schlüssels wurde ein kleines Plastikplättchen eingesetzt, das ähnlich wie ein mikroelektrisches Element einen Aufdruck aus eingedampftem Metall hatte.

Traten dann, an diesen von Drähten herabhängenden und gegen mechanische oder elektrostatische Einflüsse abgesicherten »sensitiven« Schlüsseln Spannungen auf, so konnten diese als Widerstandsveränderungen auf einem angeschlossenen Schreibgerät abgelesen werden.

Die jugendlichen Versuchspersonen wurden aufgefordert, aus einigen Metern Abstand die aufgehängten Schlüssel zu beeinflussen, und zwar alle gleichzeitig. Der Erfolg war sehr ermutigend. In 15 Laborstunden maßen Hasted und seine Mitarbeiter 80 Signale. Winzige Zeitunterschiede bei den einzelnen Schlüsseln ließen vermuten, daß die psychokinetische Kraft sich wahrscheinlich als aktive Oberfläche vom Medium fortbewegt. Treffen diese Oberflächen auf einen Metallgegenstand – das kann natürlich auch ein Löffel sein –, dann zeigen sie eine Tendenz, sich an ihm »festzuklammern«, ihn zu umlappen oder wirbelnd zu umfließen. Gehirnstrommessungen bei den Medien ergaben, daß die besten Resultate im *Theta*-Bereich zustande kamen, der normalerweise tiefste Entspannung anzeigt.

Das »wirbelnde Umfließen« bringt augenscheinlich auch die seltsamen Skulpturen aus Metallstreifen und gelegentlich korkenzieherartig verdrehten Löffelstielen zustande.

Dieses Experiment sollte hinreichend demonstrieren, daß die experimentelle Paraphysik heute sehr weit von den Anfangsjahren entfernt ist, als nur der als Showman suspekte Uri

Geller zur Verfügung stand. Immerhin hat dieser dem Biegeeffekt einen populären Namen gegeben.

Hasted hat zur Diskussion gestellt, ob die Metallverformung etwa dadurch geschieht, daß die Gegenstände durch den Einfluß der Medien jeweils an den Grenzflächen zweier Universen ähnlich wie von aus der Physik bekannten »aktiven Oberflächen« berührt und umflossen werden. Die jugendlichen Versuchspersonen stellen eine Wirkungsbeziehung zu Oberflächen her, die Zeugen des Experiments eine optische Beziehung.

Wenn dies zutreffen sollte, wäre für einige der vielen noch rätselhaften Phänomene der Parapsychologie die Erklärung gefunden.

Einen kleinen Ausweg haben sich die Physiker übrigens gelassen. Wirkungen im Multiversum werden viel eher denkbar, wenn es irgendeine Verbindung zwischen den koexistierenden Dimensionen gibt. Schon Wheeler postulierte deshalb, daß sie durch Kanäle – im Physikerjargon »Wurmlöcher« genannt – miteinander und mit unserer 3-D-Welt verbunden seien. Durch diese Kanäle wurden dann auch Signale und Abläufe sichtbar.

Gegenüber der phantastischen Vorstellung der vieldimensionalen Welt ist das dann schon fast wieder heimatlich-beruhigend. Es ist übrigens auch nützlich für den Science-Fiction-Autor. Er kann seinen in Lebensgefahr geratenen Helden, wenn die Entrückung durch eine höhere Macht ausbleibt, am Ende immer noch entlang eines solchen Korridors aus seiner bedrohlichen Situation entkommen lassen. Die SF-Autoren unserer Vorfahren sprachen in solchen Fällen von »Tarnkappen«!

Vielleicht liegt in der Multiversum-Theorie sogar die Lösung des Ufo-Phänomens. Trotz jahrzehntelanger amtlicher Beschwichtigungen konnte es bisher nicht aus unserer Welt geredet werden. Man darf als sicher unterstellen, daß (wenn die Berichte unerfahrener Zeugen unberücksichtigt bleiben) ein Teil der Sichtungen nicht auf natürliche Ursachen zurückgeht. Unklar bleibt nur, was die gesichteten Flugkörper oder Lichterscheinungen *sind.*

Nehmen wir an, es gebe fremde Planetarier mit einer uns hoch überlegenen technischen Zivilisation. Ihre Raumschiffe können in »Nullzeit« Lichtjahre von Entfernungen überwinden und sich in der Erdatmosphäre de- und rematerialisieren. Das plötzliche Auftauchen und Verschwinden von den Radarschirmen läßt so etwas durchaus glaubhaft erscheinen.

Nehmen wir weiter an, sie können elektromagnetische Felder zeitweilig außer Kraft setzen, was durch den häufig berichteten Ausfall der elektrischen Anlagen von Autos und Flugzeugen als bewiesen angesehen werden mag. Vielleicht können sie Fahrzeuge und Menschen auch durch die Nullzeit-Kanäle hindurch »entführen«.

Im Bereich der von Ufos erzeugten Felder, sei weiter postuliert, wird die Erdzeit ausgesetzt. Hier sei auf die Berichte verwiesen, nach denen Fußgänger, Autofahrer und Flugzeuge, die mit Ufos in Kontakt kamen oder in Nullzeit-»Strömungen« gerieten, trotz Zeitverlustes, Umwegen oder Stehenbleiben wesentlich *früher* an ihrem Bestimmungsort ankamen, als es normal der Fall gewesen wäre. Das deutet auf »Zeitverwerfungen« von ganz ähnlicher Art wie bei den »Bermuda-Dreieck-Phänomenen«.

Obwohl jedermann bei dem Wort Ufo an fremde Planetarier denkt, ob er an sie glaubt oder nicht, sind die geschilderten Begleitphänomene durchaus nicht immer von der Art, daß wir unbedingt Besucher von anderen Himmelskörpern dahinter suchen müssen. Wir können genausogut vermuten, daß sie nicht von einer anderen sichtbaren Welt, sondern aus einem Nebenuniversum kommen. Wir wissen viel zu wenig, um das ausschließen zu können. Angesehene Ufologen wie etwa der britische Exdiplomat Gordon Creighton neigen nach jahrzehntelangem Studium des Phänomens heute zu dieser Erklärung.

Man kann sogar die Unstetigkeit der Ufos als ein Indiz dafür nehmen. Die gesichteten Objekte, so zahlreich sie sind, zeigen über die Jahre kein konsequentes Verhalten, keine Strategie. Es ist eher, als ob jemand den Kopf in ein Wasserbecken steckt und ihn meist schnell wieder herauszieht. Die wenig zielvolle

Art, in der die Mehrzahl der Ufos zu uns »tauchen«, erinnert an die Unstabilität von paranormalen Wahrnehmungen oder PK-Effekten.

Das bestärkt den Verdacht, daß es sich um Durchbrüche von Dingen aus anderen Dimensionen handelt, in denen psychische Entsprechungen zu den materiellen unserer Welt bestehen. Die gesichteten »Besatzungen« wären dann archetypische Projektionen (*keine* Halluzinationen!) von Psi-Materie aus unserer eigenen kollektiven Psyche. Sie wären für die Dauer ihres Bestehens absolut greifbar vorhanden: aus Flüchtigstoffen des Erdbereichs materialisiert.

Ein Farmer aus Tennessee, wo auf dem Lande die Schrotflinte neben der Haustür zu hängen pflegt, soll einmal auf Ufo-Figuren geschossen haben, die nach einer Landung sein Haus umlagerten. Es habe, berichtete die Familie hinterher, »geklungen, wie wenn man in einen Eimer Wasser schießt«. Die Figuren seien anscheinend unverletzt davongesprungen.

Können psychische Materialisationen »Raumanzüge« tragen und in silberglänzenden Fahrzeugen reisen? Das klingt unwahrscheinlich. Aber wir müssen unseren verselbständigten »anderen Ichs« in anderen mentalen Dimensionen mindestens die gleiche Phantasie zubilligen, die wir selbst besitzen. Und *sie* stellt Werkzeug und Material in diesem Lebensbereich...

Die beiden Hypothesen, daß Ufos in »Nullzeit« reisen und aus psychischen Dimensionen kommen und sich nur zeitweilig materialisieren können, passen sehr gut zusammen. Sie passen ferner zu der bekannten Tatsache, daß die Geschwindigkeit von ASW-Signalen (Hellsehen und Telepathie) unendlich groß ist. Sie sind von Zeit und Raum unabhängig. Um das zu sein, müssen diese Signale außerhalb des 3-D-Raumes verlaufen.

Diese Deutungsversuche werden nicht jene befriedigen, die die eingestandenermaßen dünnen Beweise für den *hardware*-Aspekt des Ufo-Phänomens nach vorne stellen, die angeblichen Brennspuren, Metallfunde u. a. Man kann darauf nur antworten, daß das eine das andere ja nicht ausschließt. Vielleicht ahmen die »psychischen« Ufos jemanden nach?

Das gesamte Gebiet der Psychokinese und zugleich damit die Ufos stellen die bisherige Physik auf den Kopf. Sie sind uns unheimlich – so sehr, daß Professor John Taylor nach einem erfolgreichen Metallverformungs-Test sagen konnte: »Es war ein Gefühl, als ob der ganze Rahmen, in dem ich die Welt bisher gesehen hatte, plötzlich zerstört worden war. Ich kam mir sehr nackt und verwundbar vor, umgeben von einem feindseligen, unbegreifbaren Universum.«[2]

Kapitel 8
Die Multi-Psyche

99,99 Prozent des Universums bestehen aus Plasma und nur 0,01 Prozent aus fester, flüssiger oder gasförmiger Materie. Diese ist also schon etwas sehr Besonderes. Was sie vom Plasma unterscheidet, könnte durchaus Bewußtsein sein, in tausendfältigen Formen.

Subatomare Vorgänge durchlaufen eine unsichtbare Dimension. Warum und wie? Könnte es sein, daß sie, ebenso wie biologische Organismen, Teil eines bewußtseinserfüllten Energie- und Informationssystems sind? Einige Physiker haben bereits den Versuch gewagt, dies mathematisch auszudrücken.[1]

Wenn nun das physikalische Universum multidimensional und von Bewußtsein primitiver bis höchster Grade belebt ist, liegt die Annahme nicht fern, daß eine Entsprechung zum Menschen besteht. Es ist dazu nicht notwendig, dem Begriff »Dimension« Gewalt anzutun; er hat in der Physik naturgemäß eine exaktere Bedeutung. Mit dieser Einschränkung sei postuliert: Auch das menschliche Bewußtsein ist »vieldimensional«. So, wie ein Elektron scheinbar aus dem 3/4-D-Raum herausspringen und durch zwei verschiedene Löcher *gleichzeitig* hindurchschießen kann, so ist unser Bewußtsein sehr wahrscheinlich auf mehreren Ebenen *zugleich* tätig.

»Ich würde gern annehmen, daß es nur *eine* Hasted-Psyche gibt«, sagte Prof. John B. Hasted in seiner bereits erwähnten Vorlesung, »aber das ist wohl zu optimistisch. Es muß viele Hasted-Psychen geben.« Es ist offenbar, daß sie miteinander in Verbindung stehen – wie, das wissen wir nicht.

Der Eintritt in andere Bewußtseinsformen steht jedem Menschen offen, und jeder praktiziert ihn allnächtlich im Traum und im traumlosen Tiefschlaf, der, wie die gemessenen Hirnströme beweisen, nichtsdestoweniger ein eigenes Bewußtseinsleben hat. Schon bei den sogenannten »Tagträumen« ist unser Bewußtsein verlagert.

Im traumlosen Teil des Tiefschlafs*, in den tiefsten Formen der Hypnose und auf bestimmten höheren Ebenen der Meditation steht der Mensch wahrscheinlich in direkter Verbindung mit seiner Überseele, dem unvergänglichen Kern seines Wesens.

Wenn ein Mensch die Fähigkeit hat, sein Bewußtsein an einen anderen Ort zu projizieren, spricht die Parapsychologie entweder von *»mind travel«* (etwa: Hellsehreisen der Psyche) oder von einem *»außerkörperlichen«* Erlebnis**. Bei letzterem hat der Erlebende das Gefühl, daß er seinen materiellen Körper verläßt und in einem neuen, feinstofflichen, federleichten Körper bewegungsfrei wird.

Auch in allen jenen Fällen, in denen Menschen während einer Narkose oder während eines klinischen Todeszustands (aus dem sie durch ärztlichen Eingriff zurückgeholt wurden) vom Körper unabhängige Erlebnisse haben, wird von einem Ablösen des Ichbewußtseins berichtet. Der plötzliche Schock eines Aufpralls stößt Unfallopfer manchmal aus ihrem Körper heraus. Schwächung des Körpers durch Krankheit oder Unterer-

* Nicht aller Tiefschlaf ist traumlos. Neuere Forschungen haben ergeben, daß in ihm auch Träume auftreten, die allerdings völlig anders sind als die lebhaften Träume der sogenannten REM-Perioden (nach *Rolling Eye Movement,* Fachausdruck für die Bewegung der Augäpfel während der intensiven Traumzeiten). Die Nicht-REM-Träume sind nichtemotional und anscheinend denen des Tagesbewußtseins näher.
Es ist unklar, ob der Schlaf in diesen Perioden tatsächlich besonders tief ist, ebenso wie es offenbleiben muß, ob die Tätigkeit der anderen Facetten unserer Persönlichkeit überhaupt etwas mit diesen nichtemotionalen Traumbildern zu tun hat.

** Hierfür hat sich die Abkürzung OOB (für die englische Bezeichnung *o*ut *o*f the *b*ody) eingebürgert. Gelegentlich findet man auch die Ausdrücke »parasomatisch« oder »eksomatisch«. Sie bedeuten dasselbe.

nährung und Fasten können ebenfalls die Bereitschaft des Feinstoffkörpers zum zeitweisen Austritt herbeiführen.

Sehr oft ist das Bewußtsein mit dem Augenblick des Austritts dann enorm ausgeweitet. Wollen und Tun erfolgen gleichzeitig: man wünscht sich an einen anderen Ort und befindet sich im Augenblick des Denkens bereits dort. Oder man bleibt an seinem Standort, hat aber von dort eine erstaunliche »Rundum«-Wahrnehmung, die durch Zeit und Raum nicht beeinflußt wird. Erlebnisse dieser Art sind viel zu häufig, als daß man sie als Halluzinationen abtun könnte. Es ist sehr charakteristisch, daß das Ichbewußtsein diese Dimensionsübertritte zwar verwundert feststellt, aber dennoch in der neuen Umgebung sofort »heimisch« ist und nicht den Fesseln und Beschränkungen des Traumes unterliegt.

Der Amerikaner Robert A. Monroe, der Hunderte solcher *OOB*-Erfahrungen an sich erlebte und genau Protokoll über sie führte, fand sich dabei manchmal in einer anderen Welt vor, in die er sozusagen hindurchstoßen mußte wie durch eine Trennwand. In dieser Zweitwelt gab es »ihn« ein zweites Mal. Dieser Monroe II war ein Parallelwesen zu Monroe I, aber dabei ein ganz anderer Mensch mit einem ganz anderen Beruf, anderen Lebensumständen. Monroe erlebte diese persönliche Antiwelt viele Male und ist absolut sicher, daß es sich nicht um Träume handelte.

Es ist aber nicht notwendig, einen solchen Zweitkörper auszusenden, um eine »außerdimensionale« Erfahrung zu haben. Die von dem Australier E. M. Glaskin entwickelte »Christos«-Technik beispielsweise erlaubt Bewußtseinsreisen in andere Umwelten, ohne daß damit ein Körpergefühl verbunden sein muß (obwohl dies der Fall sein *kann)*. Da diese Technik auch weder Drogen noch Hypnose zu Hilfe nimmt, ist sie mit sehr geringen Risiken verbunden.

Der Christos-Zeitreisende wird durch eine spezielle Massagetechnik in einen körperlichen Zustand versetzt, der ihn bewußtseinsmäßig zunächst an einen Punkt hoch über der Erde führt. Von dort »landet« er wieder – nicht aber in seinem gewohnten Zuhause, sondern in einer nicht voraussagbaren Umwelt, vielleicht in einem deutschen Dorf des Mittelalters, vielleicht im alten Griechenland und nicht selten sogar in prähistorischer Zeit.

Es handelt sich nicht um visuelle Halluzinationen. Ähnlich wie in einer hypnotischen Rückführung in die Kindheit erlebt und erleidet die Versuchsperson, was um sie herum vorgeht. Sie behält jedoch, ähnlich wie in einer seltenen Form des Träumens, den die Parapsychologie »Helltraum« nennt, ihr Beobachtungsvermögen für die reale Umgebung. Der Proband sieht und hört also noch die anderen Teilnehmer des Experiments, aber sie treten in den Hintergrund. Das »reisende« Bewußtsein wird als das eigentliche empfunden. Die Augen beginnen hinter geschlossenen Lidern zu rollen (REM).

Handelt es sich hier um Einblicke in frühere Leben? Die Christos-Technik ist wohl noch nicht entwickelt genug, als daß sich darüber etwas aussagen ließe. In Großbritannien arbeiten an zwei Universitäten Gruppen von Dozenten und Studenten experimental mit ihr. Zu diesen Gruppen gehören auch Physiker. Ihre Hypothese ist, daß der Christos-Reisende in andere Dimensionen hineingleitet, die gleichzeitig mit der 3-D-Welt vorhanden sind. Das Gehirn der Versuchsperson ist eine Art Raumsonde in die Multidimensionalität. Danach handelt es sich hier in der Mehrzahl der Fälle nicht um das Hineinsteigen in frühere Leben, sondern um Exkursionen in andere Bewußtseinsebenen.

Der Sinn der rollenden Augenbewegungen ist bekanntlich ungeklärt. Man weiß zwar, daß sie unsere Träume begleiten, und offensichtlich auch die Christos-Bewußtseinsreisen, aber das »Warum« bleibt offen. Ein britischer Physiker und Universitätsdozent hält es für denkbar, daß die REM den Übertritt in andere Dimensionen anzeigen. Der Verfasser hat anderenorts* die rollenden Augenbewegungen als Indiz dafür gesehen, daß der Feinstoffkörper während des Schlafes aus dem

* In Andreas/Kilian »Die phantastische Wissenschaft«, Econ 1973.

physischen Körper gelockert wird, sich etwas aus diesem anhebt und um die Längsachse schwenkende Bewegungen ausführt. Aber die beiden Hypothesen schließen einander nicht aus.

Einige Wissenschaftler sind von der sich abzeichnenden Vieldimensionalität der menschlichen Seele so fasziniert, daß sie glauben, die Physik werde daraus eines Tages Aufschlüsse für das physikalische »Multiversum« erhalten.

Es sei noch einmal betont, daß die genannten Experimente nur bei geistig völlig gesunden und nervlich stabilen Menschen angestellt wurden – und grundsätzlich auch nur mit solchen gemacht werden sollten. Monroe beispielsweise ist technischer Kaufmann. Beim OOB und beim Christos-Verfahren scheint eine psychische Sperre überwunden zu werden, die normalerweise nur durch geistige Höherentwicklung, etwa in der Meditation, durchbrochen werden kann.

Monroe und andere ungewöhnliche, aber nicht krankhaftabartige Fälle lassen nur ahnen, was möglich sein könnte.

Es gibt fast unendlich viele Bewußtseinsformen; wir müssen sie natürlich erleben, um sie zu kennen. Aber auch unser Ego hat mehrere, vielleicht recht zahlreiche Persönlichkeits-Facetten, von denen wir einige nur ahnen und andere gar nicht kennen. In simpler Ausdrucksweise sind es die »zwei Seelen in einer Brust«, die durch Erziehung und Umweltanpassung verdrängten, aber nichtsdestoweniger in uns vorhandenen Anlagen. In Wirklichkeit sind wir wahrscheinlich viel komplexer, als wir selbst es für möglich halten.

Unsere Unternaturen sind meist nicht so aufsässig, daß sie sich nicht unter Kontrolle halten oder kompensieren lassen. Dazu genügt oft schon eine harmlose Freizeitbetätigung: Wandern, Fischen, Jagen, Musizieren, ja auch das Spielen mit den eigenen Kindern gleichen Angestautes harmonisch aus.

Dann und wann aber wird die zweite Natur rebellisch und so stark, daß sie die erste zeitweilig von ihrem Thron stößt und selbst regiert. Man spricht dann von einer Persönlichkeitsspaltung oder -verdrängung. Sie ist anormal, aber im Grunde nur graduell verschieden von der multiplen, jedoch mehr ausgeglichenen Natur des durchschnittlichen Zivilisationsmenschen.

Der ärztliche Pionier bei der klinischen Untersuchung solcher Fälle von Dissoziationen war der Amerikaner Dr. Morton Prince (1854–1929). Eine seiner Patientinnen, eine ernste, reservierte, sehr religiöse Dame verwandelte sich von einem Augenblick zum anderen in ein junges, fröhliches Mädchen ohne jedes geistige Interesse und dann noch einmal in eine dritte Person: eine reife, weltgewandte, selbstbewußte Geschäftsfrau, die entschlossen war, ihre Umgebung zu dominieren.

Bei dieser Patientin setzte das Gedächtnis mit dem Persönlichkeitswandel *nicht* aus. Die resolute »Geschäftsfrau« wußte genau, wie sie zuvor als sorgloses Mädchen oder als schüchterne und introvertierte Dame gedacht hatte.[2]

Ein Zweiundzwanzigjähriger, der zur Behandlung in die Klinik von Dr. Prince kam, erlebte vier verschiedene Seiten seines Ego. Seine »Hauptpersönlichkeit« war die eines absolut ruhigen, wohlerzogenen und idealistischen jungen Mannes. In leichter Hypnose, aber ohne Suggestion, verfiel er ohne äußeren Anlaß und zur Überraschung des Arztes in seine zweite Persönlichkeitsform. Er wurde zum lärmenden, lustigen, fabulierenden, aufdringlichen, zu derben praktischen Späßen aufgelegten Burschen, ohne jede Manieren, der sich verächtlich über Moral und Religion ausließ.

Persönlichkeit Nummer drei war ganz schlimm: Ein Sadist, der den Wunsch aussprach, Lebewesen zu sezieren oder zu erwürgen. Prince nannte diese Facette »Jack the Ripper«. Nummer vier schließlich war ein Melancholiker, der sich selbst bemitleidete und bei jeder Gelegenheit in Tränen ausbrach.

Jede der vier Personen war »echt«, nichts war geschauspielert. Suggestionen des Arztes, die dem jeweils dominierenden Charakter nicht entsprachen, wurden von diesem zurückgewiesen. Auch bei diesem Patienten blieb das Gedächtnis voll erhalten; er erinnerte sich an alles, was er in seinen »Rollen« gesagt und getan hatte. Er beschrieb sie rückblickend so, als ob er farbige Bilder einer Laterna magica betrachtet habe, die einander abwechselten.

Princes berühmtester Fall war Miss Beauchamp, eine junge Dame aus guter Familie in Neu-England, die in ihren Ausbildungsjahren einen schweren Schock erlitten hatte: ein väterlicher Freund, den sie sehr verehrte, hatte sie eines Abends unangemeldet in einer anderen Stadt besucht und, einer frivolen Laune folgend, in der Dunkelheit eine Leiter genommen, um von außen an ihrem Fenster zu erscheinen und sie zu überraschen. Das gelang mehr, als er geglaubt hatte – der Anblick des Gesichts im Dunkeln außen an der Fensterscheibe löste ein tiefes Trauma mit Persönlichkeitsspaltung bei Miss B. aus.

Während der Hypnosebehandlung entwickelte sich eine Nebenpersönlichkeit, die Dr. Prince »Sally« nannte. Sie war das genaue Gegenteil von Miss B.: jugendlich, sorgenfrei, an Büchern und Musik nicht interessiert, stets guter Laune. Zunächst meldete sich »Sally« nur im somnambulen Zustand mit geschlossenen Augen. Doch eines Tages öffnete sie sie. Von diesem Augenblick an führte sie eine unabhängige Wachexistenz neben Miss B.

»Sally« mochte Miss B. nicht, sie war ihr zu betulich, zu fromm, zu gewissenhaft, und so spielte sie ihr Streiche, wo immer sie konnte. Einmal sammelte sie eine Schachtel voll Spinnen – sie wußte, daß Miss B. einen Horror vor Spinnen hatte – und ließ sie, hübsch eingewickelt und an Miss B. als Päckchen adressiert, auf deren Tisch zurück. Oder sie nahm eine Droschke, fuhr 10 Kilometer aufs Land, schickte den Fahrer heim und ließ die müde Miss B. den Weg zu Fuß nach Hause zurückfinden. Später fand Miss B. jeden Morgen neben ihrem Bett Zettelchen an die Wand geheftet mit allerlei spitzen und bissigen Bemerkungen.

Denn, obwohl Miss B. keinerlei Wissen von »Sally« hatte, wußte diese alles über Miss B., einschließlich ihrer geheimsten Gedanken. Sie hörte auch mit, wenn Dr. Prince zu Miss B. sprach.

Es gab dann auch noch eine »Miss B. 2«, die aber *nur* in der Hypnose auftrat. Diese kannte B. 1, aber nicht Sally. Sally wiederum kannte beide, B. 1 und B. 2! Sie behauptete übrigens, nie zu schlafen, und konnte sich auch spontan (ohne Hypnose) an die Einzelheiten ihrer frühesten Kindheit erinnern. Eines Tages verabschiedete sie sich von Dr. Prince mit den Worten, sie ginge dorthin zurück, »wo ich hergekommen bin«. Der Arzt kam zu dem Schluß, daß Sally das verselbständigte Unterbewußtsein der Miss B. gewesen sein müsse, auf jeden Fall eine extreme Anomalie.

Den traurigen Rekord auf dem Gebiet der multiplen Persönlichkeit hält die Amerikanerin Christine Sizemore aus Augusta in Georgia. Sie erlitt als Zwei- und Dreijährige zwei schwere traumatische Schocks und machte eine Leidenszeit durch, die – mit Unterbrechungen – alles in allem 47 Jahre dauerte. Erst als Fünfzigjährige war sie geheilt.

Im Laufe der fast fünf Jahrzehnte manifestierten sich nicht weniger als 22 Persönlichkeiten. Christines Tochter, die bald ihre Betreuerin wurde, gab ihnen Namen: Da war die kokettierende, whiskyschlürfende *»Eve Black«*, dann die *»Dame in Violett«* (die niemals etwas anderes als violette Kleider trug), ferner die *»Bell Lady«* (von der Tochter so getauft, weil sie Glocken sammelte) oder die *»Turtle Lady«* (sie sammelte Bilder und Nachbildungen von Schildkröten) und die *Virgin*, die es nicht ertragen konnte, von einem Mann auch nur berührt zu werden.

Alle Persönlichkeiten waren weiblichen Geschlechts, alle waren völlig selbständig mit eigenen Gepflogenheiten in allen Dingen des Lebens. Jede hatte ihre eigene unverkennbare Handschrift; selbst die Gehirnstrommessungen zeigten deutliche Unterschiede. Gewiß hatten sie Eigenheiten, und eine war völlig blind; aber in sich waren alle »geistig gesund«.

Natürlich gab es erhebliche Probleme. Chris Sizemore versuchte, mit Hilfe ihres verständnisvollen Mannes und ihrer Tochter ein einigermaßen normales Leben zu führen. Aber zwei Mal kam sie nur um Haaresbreite mit dem Leben davon, als eine ihrer Persönlichkeiten, die nicht Auto fahren konnte, »durchkam«, während sie am Steuer ihres Wagens saß...

Meist standen zur gleichen Zeit jeweils drei Ichs miteinander und mit der Hauptpersönlichkeit im Wettbewerb. Sie waren alle aufeinander ausgesprochen eifersüchtig und gönnten einander die Zeit nicht, in der sie »dableiben« durften, was wenige Minuten oder auch mehrere Monate andauern konnte; Christine Sizemore hatte keine Kontrolle darüber. Wenn eine Persönlichkeit spürte, daß sie abtreten mußte, schrieb sie »Abschiedsbriefe«, freilich ohne ihren ungeliebten Nebenbuhlerinnen jemals etwas zu hinterlassen.

Im Jahre 1957 drehte die *Twentieth Century-Fox* den Film »Die drei Gesichter Evas« mit Joanne Woodward in der Hauptrolle. Die Handlung gründete sich auf ein Manuskript von Mrs. Sizemores damaligem Arzt. Der Film wurde ein großer Erfolg, aber das Publikum erfuhr nicht, daß die Hauptfigur noch keineswegs geheilt war. Die Heilung gelang erst fast 20 Jahre später dem Psychiater Dr. Tony Tsitsos. Er gab seiner Patientin auf, ihre eigene Geschichte seit der frühesten Kindheit in Form eines Buches niederzuschreiben. Diese Aufgabe holte ihr die verdrängten Ursachen der Persönlichkeitsspaltung ins Bewußtsein und brachte zustande, was zahlreiche Ärzte mit Medikamenten nicht hatten erreichen können – die völlige Heilung.

Bei Robert Monroe ist nachzulesen,[3] wie man sich fühlt, wenn man die Persönlichkeitsabspaltung von der »anderen Seite« her erlebt. Monroe fand auf seinen Reisen im Feinstoffkörper des OOB-Zustands ein »Gegenüber-Ich«, das den Beruf eines Architekten ausübte. Die Bauten und technischen Anlagen dieser Welt waren absolut solide, ebenso wie die Menschen, aber etwas anders, als sei die Zivilisation ähnliche, aber doch eigene Wege gegangen. Monroe wurde in dieses Architekten-Ich unwiderstehlich hineingezogen und verdrängte dessen Bewußtsein. Das führte zu peinlichen Situationen in dessen Ehe und Alltag, die um so schlimmer waren, als der Architekt sich später an nichts erinnern konnte, während sein eigenes Gedächtnis dem ungebetenen »Gast« voll zur Verfügung stand – umgekehrt also wie bei Chris Sizemore!

Auch in Deutschland ereignete sich ein berühmt gewordener

Fall. Im September 1920 fanden Spaziergänger auf einer Parkbank in Stuttgart ein hilfloses junges Mädchen, das eine niemandem verständliche fremde Sprache sprach. Man brachte es zur Beobachtung in das psychologische Institut der Universität Tübingen. Erst nach langer Mühe fand man dort heraus, daß die Augen des Mädchens beim Betrachten von Bildern mit mongolischen Haustypen aufleuchteten – sie schien sie zu kennen. Es gelang, einen landeskundigen genauen Kenner mongolischer Sprachen zu finden, der feststellte, daß das Mädchen einen in Europa unbekannten tibetanischen Dialekt sprach.

Nach einigen Monaten wurde aus der Tibetanerin über Nacht wieder das Mädchen, das sie vorher gewesen war (wie man nun herausbekam): eine Tellerwäscherin in einem Ulmer Hotel, die eine Tagesfahrt nach Stuttgart unternommen hatte und seitdem vermißt gewesen war.

Es hat niemals eine befriedigende Erklärung für diesen Fall gegeben, der so umfassend war, wie er nur sein konnte: Mit der Persönlichkeit hatten sich auch Sprache und Äußeres gewandelt. Das Gedächtnis war ausgelöscht. Kryptomnesie* lag schwerlich vor. Möglich, daß hier wirklich eine Monate dauernde Form der »Besessenheit« im Spiel war. Einige sprachen sogar von tibetanischer Schwarzmagie.

Dies alles sind seltene Ausnahmen, aber daß sie überhaupt möglich sind, beweist, daß unsere dominierende Persönlichkeit wohl ein *primus inter alias,* aber kein Alleinherrscher ist. Ein schwerer Schock kann zur Fraktur der Persönlichkeit führen, aber vorher müssen die Teile schon vorhanden gewesen sein. Sie sind es bei uns allen.

Die Jungsche Psychologie kennt den Begriff des »Schattens«. Er »personifiziert alles, was das Subjekt nicht anerkennt und was sich ihm doch immer wieder direkt oder indirekt aufdrängt«, schrieb C.G. Jung. Der Schatten weise aber auch »eine Reihe guter Qualitäten auf, nämlich normale Instinkte,

* Kryptomnesie; wörtlich »geheimes Wissen« nennt man das Wiederhervortreten von Informationen, die ein Mensch (meist in früher Jugend) unbewußt aufgenommen oder »mitgehört« und dann vergessen hatte.

zweckmäßige Reaktionen, wirklichkeitsgetreue Wahrnehmungen, schöpferische Impulse u.a.m.«.

Der Schatten, so definiert es Aniela Jaffé, die Herausgeberin von »*C. G. Jung, Erinnerungen, Träume, Gedanken*«, sei »die Summe aller persönlichen und kollektiven Dispositionen, die infolge ihrer Unvereinbarkeit mit der bewußt gewählten Lebensform nicht gelebt werden und sich zu einer relativ autonomen Teilpersönlichkeit mit konträren Tendenzen im Unbewußten zusammenschließen«.

Dem ist nur hinzuzufügen, daß man dem Begriff »Schatten« deswegen nicht weniger Realität zubilligen darf. Was als kompensatorischer Gegenpart zur äußeren Persönlichkeit in uns steckt, ist für die Entwicklung unseres innersten Wesens und unseres Schicksals von nicht zu unterschätzender Bedeutung.

Manchmal scheint es fast, als sei die uns eigentlich als Hauptnatur bestimmte Wesensschicht verschüttet und müsse erst durch einen Reifungsprozeß oder Krankheit an die Oberfläche gebracht werden. So kann es vorkommen, daß ein Schizophrener nach seiner Heilung ein viel harmonischerer, glücklicherer und ausgeglichener Mensch ist, als er es vor seiner Erkrankung jemals war.

Vielleicht, ja sicherlich, sind wir alle nur Bruchstücke dessen, was wir eigentlich sein könnten, und unsere Gesamtseele ist viel größer, als wir es ahnen. Unser höheres Ich ist multidimensional.

Zwischen dem Ich und der Vieldimensionalität des Universums besteht eine klare Entsprechung. Der amerikanische Neurologe und Paraforscher Dr. Andrija Puharich führte eine Gruppe von 24 Personen in einem Bewußtseinserweiterungs-Experiment in acht einheitlich erlebte Dimensionen. Puharich glaubt, daß die Wheelersche Vielwelttheorie es uns erlaubt, eine multidimensionale Psyche mit »Bewußtseinskontaktpunkten« in allen physikalischen Dimensionen anzunehmen.

»Seth«, die Trancepersönlichkeit des amerikanischen Mediums Jane Roberts, spricht von einer »unendlichen Zahl innerer Universen«. Nur ein sehr hoch entwickeltes Bewußtsein habe Zugang zu annähernd allen diesen Bereichen. Diese (bei »Seth« durch Korridore miteinander verbundenen) Dimensionen erfüllen wir mit unserem Denken und unserer Phantasie sowohl im Wachen wie im Schlafen mit lebendigem Inhalt.

Es ist äußerst wichtig, diese mit den Früchten unseres Denkens, Wünschens und Wollens wie von tausend Fäden durchzogenen Bewußtseinsbereiche als Realitäten anzusehen, mahnt »Seth«. Jene von ihnen, die sich nicht in der Zukunft realisierten, lebten dennoch auf psychischen Ebenen weiter als gegenwärtige und künftige Wahrscheinlichkeiten.

(Im Tiefschlaf) ... »verarbeitest du tägliche Erlebnisse, projizierst sie in das, was du als Zukunft siehst, wählst aus einer Unendlichkeit von wahrscheinlichen Ereignissen jene aus, die du zu physischen machen willst, und beginnst den mentalen und psychischen Prozeß, der sie in die Welt der Substanz bringen wird.«*

Die anderen Wahrscheinlichkeiten sind deshalb nicht erloschen. »Sie werden ebenso wirksam realisiert ... wenn hinter einer der nichtgewählten wahrscheinlichen Handlungen eine starke emotionale Ballung stand, dann mag sie sogar höher zu bewerten sein als die ausgewählte.«

»Das Gewebe einer Existenz ist derart, daß euer dreidimensionaler Intellekt es nicht erschauen kann. Diese wahrscheinlichen Selbste sind jedoch ein Teil eurer Seele ... Von überall ... könnt ihr andere Wahrscheinlichkeiten sehen und die Auswirkungen wahrscheinlicher Handlungen ... spüren. Manche Leute tun dies spontan, oft im Schlaf. Dort schwinden die starren Formen des Wachbewußtseins, und du kannst jene von der physischen Verwirklichung ausgeschlossenen Dinge tun, ohne zu erkennen, daß du in eine dieser wahrscheinlichen Leben hineingeblickt hast.«

In jedem Augenblick seines Lebens erschafft der Mensch eine Vielzahl von Wahrscheinlichkeiten. Er hat nicht eine Zukunft, er hat viele Zukünfte.

* Aus »Seth Speaks« von Jane Roberts. Prentice-Hall Inc, Englewood Cliffs, New Jersey, USA.

Kapitel 9
Die Orakel: I Ging und Tarot

Die Orakel des Altertums waren eine Macht im Staate. Priester, denen sie unterstanden, nutzten das aus, um ihren eigenen Wohlstand und Einfluß zu mehren. So wurden die Orakel verweltlicht, und ihr Ursprung geriet in Vergessenheit.

Am Urbeginn eines jeden Orakels stand immer die Suche nach Wahrheit. Bevor ehrgeizige Priester und Könige es profanierten, hatten die Denker in den Hochkulturen des vierten und dritten Jahrtausends vor der Zeitenwende herausgefunden, daß es möglich war, das Unsichtbare sichtbar und das Unbewußte bewußt zu machen. Sie hatten begriffen, daß die Schicksalskräfte und die mit ihnen verwobenen menschlichen Seelenkräfte eine eigene Sprache sprechen, die man belauschen kann.

Die Weisen bei den Chinesen, Sumerern, Ägyptern, Indogermanen wußten – und hüteten oft als ein Geheimnis –, daß zwischen der menschlichen Seele und der Natur einschließlich des Sonnensystems feste Entsprechungen bestehen und daß man diese in ein System einordnen kann. Sie fanden dann Wege, dieses System kosmisch-seelischer Strukturen auf eine ihrer Kultur angemessene Weise zum Ausdruck zu bringen.

Das bekannteste, bis auf den heutigen Tag erhaltene Orakel ist das chinesische I Ging (ausgesprochen *i dsching*). Es geht auf Fu Hi, eine mythische Figur der Zeit um 3000 v. Chr., zurück. In seiner ursprünglichen Form ist das I Ging ein System von acht Urzeichen, in denen sinnbildlich die Zustände, mit denen der Mensch in Beziehung steht, abgebildet werden.

Jedes Urzeichen erscheint als Trigramm, d. h. als eine Figur aus jeweils drei ganzen oder geteilten Strichen.

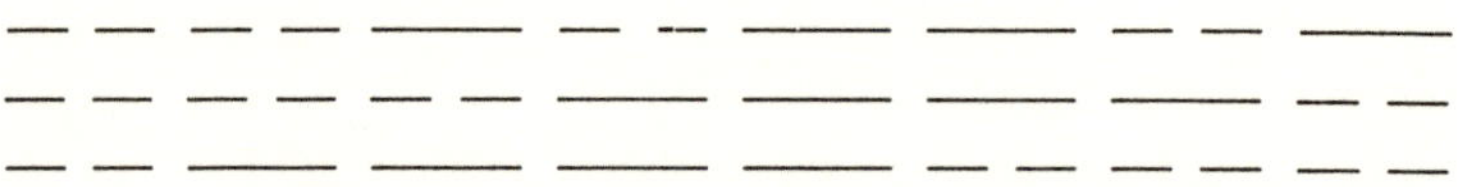

Kun Dschen Li Dui Kien Sun Kan Gen

Ein ganzer Strich entspricht der positiven männlichen Kraft (Yang), ein geteilter dem passiven »weiblichen« oder negativen Yin. Jedes Trigramm hat eine ganz bestimmte Zustandsbedeutung, dessen Symbolik auf die lebendige Situation übertragen werden muß.

Richard Wilhelm, der in jahrelanger Arbeit mit Hilfe bedeutender chinesischer Gelehrter das I Ging »Buch der Wandlungen« ins Deutsche übersetzte und dessen Werk zur Grundlage fast aller westlichen Interpretationen geworden ist, macht darauf aufmerksam, daß die Namen der Urzeichen in der chinesischen Sprache sonst nicht vorkommen. Man habe deshalb auch schon vermutet, daß sie fremden Ursprungs gewesen seien. So ist nicht auszuschließen, daß sie auf noch ältere Zeiten zurückgehen, daß es sich um eine Universalsprache verschollener Kulturen handelt.

Wer immer die Schöpfer waren, sie hatten ein geniales qualitativ-mathematisches Bezugssystem gefunden, mit dem sich die Beziehungen zwischen Mensch und Kosmos wie durch einen Computer ausdrücken ließen. Man beachte, daß dieses Codesystem in einem »vorwissenschaftlichen« Zeitalter gefunden wurde!

Der Charakter des I Ging als Bezugssystem tritt noch stärker hervor, wenn man die acht Trigramme in Kreisform anordnet:

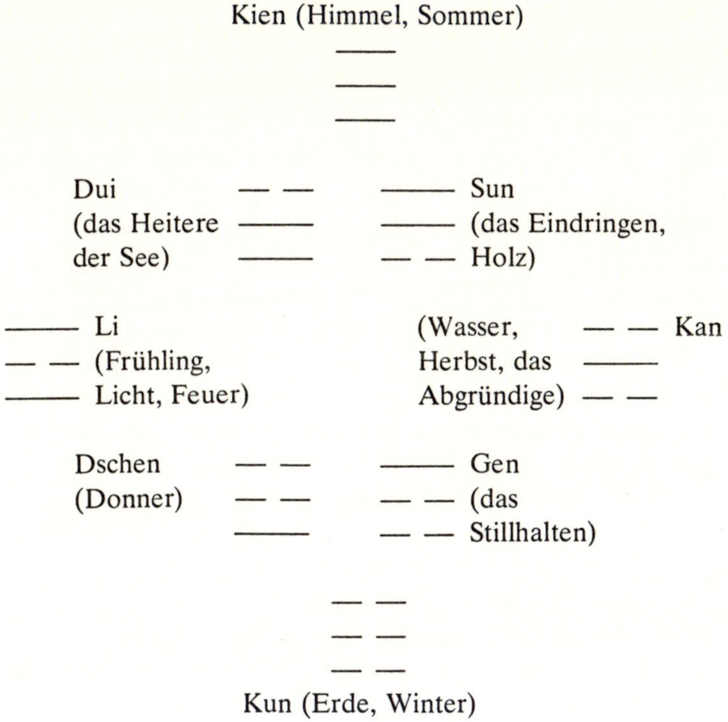

Später wurde das System erweitert. Durch Zusammenfügen von jeweils zwei Trigrammen machte man ein Hexagramm aus sechs Strichen. Mit der Verknüpfung zweier Urbilder wurde eine lapidare Aussage um die Zeitdimension erweitert: aus dem Urbild war nun ein auf die Gegenwart des Fragenden bezogenes Situationsbild geworden.

Aus den acht Trigrammen wurde ein sehr viel aussagekräftigeres kombiniertes System von 64 Hexagrammen.

Der I-Ging-Interpret E.H. Graefe bezeichnet das Finden dieses Systems und seiner Sinn-Zuordnungen als »eine Leistung von epochaler Bedeutung, die den Zyklopenbauten vorgeschichtlicher Kulturen ... mindestens ebenbürtig ist. Nur:

über die letzteren staunen und rätseln wir allgemein, während die ersteren bisher vergessen waren«.

Richard Wilhelm stellt fest, es habe sich bei den Schöpfern des I Ging um »Menschen von kosmischer Intelligenz« gehandelt, die die Weisheit von Jahrtausenden in den Deutungen der Symbole niederlegten, eine »einzigartige Manifestation menschlichen Geistes« und »schier unfaßbar hohe schöpferische Tat«.[1]

Worin liegt nun diese ganz besondere Qualität des I Ging? Man muß sich bei dieser Frage wieder von rein materialistischen Auffassungen trennen und sich die menschliche Seele als einen Mikrokosmos vorstellen, die zum Makrokosmos der Umwelt in einer geistigen, aber nichtsdestoweniger sehr lebendigen Beziehung steht. Diese Beziehungen oder Grundströmungen drückt das Orakel aus.

»I Ging« bedeutet wörtlich: Das Stetige und die Wandlungen. Die Urbilder sind Ausdruck des Tao, des unendlichen Seins. Ihre Kombination, das Hexagramm, ist Ausdrucksmittel eines dauernden Überganges, »ebenso wie in der Welt ein dauernder Übergang der Erscheinungen ineinander stattfindet« (Wilhelm). Die Anordnung der Striche in den Tri- und Hexagrammen war für die Schöpfer Ausdruck geistiger Strömungen und Wandlungen, die in jedem Augenblick auf den Menschen einwirken, der als geistiges Wesen »zwischen Himmel und Erde« steht.

Die Ausübung des Orakels ist nicht schwierig. Der Fragende konzentriert sich auf ein Problem, das ihn besonders bewegt und wirft dann Stäbchen, gewöhnlich getrocknete Stengel von Schafgarben, oder auch Münzen, wobei jeder Wurf eine bestimmte Zahl ergibt (Einzelheiten sollten den einschlägigen I-Ging-Büchern entnommen werden).

Die Zahlen entsprechen jeweils einem Yang- oder Yin-Zeichen. Dabei gibt es »altes Yang« und »junges Yang«, sogenannte »ruhende« und »bewegte« Striche. Ihre Position innerhalb jedes der 64 Hexagramme hat wiederum eine ganz spezifische Bedeutung, die im I-Ging-Buch verzeichnet ist und ganz präzise Aussagen ermöglicht. Häufig sind es gerade die »Kommentare des Herzogs von Dschou« zu diesen wandelbaren Strichen, die mit verblüffender Genauigkeit dem Fragesteller die begehrte Antwort geben.

Die Deutungen der heute praktizierten Form des I Ging mit 64 Hexagrammen gehen sehr wahrscheinlich auf König Wen (etwa 1000 v. Chr.) und seinen Sohn, den Herzog von Dschou, zurück.

Ein reiner Materialist wird versucht sein, das ganze als Unfug und Aberglauben abzutun. Wie soll es möglich sein, wird er fragen, daß meine Hand getrocknete Pflanzenstengel oder Münzen in einer Weise wirft, die nicht bloßer Zufall ist? Was ist hier anders als beim Roulette im Spielkasino? Und selbst wenn es kein Zufall wäre, was veranlaßt mich, die Deutungen zu akzeptieren?

Nun, nichts veranlaßt ihn als seine eigene Einsicht in die unglaubliche Treffsicherheit des I Ging, vorausgesetzt, es wird richtig praktiziert. Diese Voraussetzung ist allerdings ganz unabdingbar, wenn das Orakel nicht zum wertlosen Gesellschaftsspiel degradiert werden soll. Auch in China selbst wurde es jahrhundertelang von Gauklern zur bloßen Wahrsagerei mißbraucht.

Das Geheimnis des I Ging ist groß, und doch auch wieder einfach. Durch es spricht das Unbewußte und Überbewußte des Menschen, jenes vieldimensionale Höhere Selbst, das – wenn es im Einklang mit den kosmischen Kräften steht – allwissend sein kann.

Das ist ein hoher Anspruch. Sigmund Freud bewies zwar die Realität des Unbewußten, aber für die exakten Wissenschaften ist es bis heute etwas Fremdes geblieben, das sich nirgends so leicht einordnen läßt. Und nun sollen die Chinesen schon vor Jahrtausenden etwas viel Besseres als den Rorschachtest gehabt haben?

Modern ausgedrückt, ist das I Ging ein Computersystem von qualitativ-mathematischer Art, das die Wechselbeziehungen zwischen Seele und Kosmos offenlegt, darunter auch jene, die in die Zukunft weisen.

Um einen gültigen Spruch zu erhalten, muß der Fragende das Problem, über das das I Ging aussagen soll, in der Mitte seines Bewußtseins tragen. Es gibt Situationen, in denen das bewußte und unbewußte Denken eines Menschen so von etwas beherrscht wird, daß diese Voraussetzung leicht erfüllbar scheint. Die meisten ernsthaften Benutzer des I Ging meditieren jedoch, manchmal an mehreren Tagen hintereinander, über den Fragegegenstand, bevor sie die Schafgarben oder Münzen schließlich werfen.

Wer dieses Gebot nicht befolgt wird vom I Ging eine »falsche« oder nichtssagende Antwort erhalten. Das Befragen des Orakels aus naivem Wahrsageglauben oder gar im Sinne eines Gesellschaftsspiels ist total nutzlos, weil die wissende Schicht unseres höheren Selbst auf diesen Wegen nicht erreicht werden kann. Es kann sogar gefährlich sein, wenn es den Fragesteller in eine psychische Abhängigkeit bringt.

Wer über seine Frage ernsthaft meditiert, wird dagegen immer wieder über die Treffsicherheit der Aussage staunen.

Carl Gustav Jung bekannte in seinem Vorwort zur englischen Ausgabe, daß er sich mehr als 30 Jahre für das I Ging interessiert habe. Er warf sogar die Münzen, um das Orakel über den Erfolg oder Nichterfolg der mit seinem Vorwort versehenen Ausgabe zu befragen, und sah die Antwort als Zeichen dafür, daß das I Ging in den USA anfänglich noch auf viel Unverstand stoßen, aber mit fortschreitender Zeit Anerkennung finden werde. »Eine Antwort voller gesunden Menschenverstandes.«

Jung sah in den Urbildern des I Ging eine Universalsprache der Menschheit, die für ihn zwangsläufig eine Parallele zu den Archetypen des menschlichen Seelengrundes war. Daß das Orakel nicht in das Kausalsystem der westlichen Wissenschaft paßte, störte ihn, den Seelenarzt, nicht, ja er plädierte dafür, »gewisse Vorurteile der westlichen Geisteshaltung fortzuwerfen«, wenn man verstehen wolle, warum es überhaupt funktioniere. Für ihn entsprach das Hexagramm der »Qualität« eines Augenblicks; es war damit der Synchronizität unmittelbar wesensverwandt.

Auch Jung warnte davor, das I Ging zu abergläubischen Zwecken zu benutzen. Für ihn war Aberglaube schlechthin jeder oberflächliche »Glaube« an etwas, das nicht mit dem Höheren Selbst verbunden ist, das gedankenlose Übernehmen von Konventionen und Riten, die kein inneres Leben besitzen. Die Orakelzeichen, empfahl Jung, sollten »klug abwägend sowohl vorsichtig als auch zweckmäßig« bewertet werden.

Das I Ging unterscheidet sich von anderen Orakeln dadurch, daß es *dynamische* Situationen erfaßt. Die Hexagramme sind Zeitschnitten in der Gegenwart zu vergleichen. Sie zeigen außer der Grundsituation die wahrscheinliche künftige Entwicklung *in statu nascendi,* im Augenblick des Entstehens. Der ernsthaft Suchende erfaßt die Keime, aus denen die Dinge werden. Besser gesagt, aus denen sie werden *können,* aber nicht werden müssen.

König Wen und sein Sohn schrieben ihre Deutungen und Kommentare ja gerade deshalb, um den Fragenden erkennen zu lassen, was er selbst etwa falsch macht. Er wird damit befähigt, sein Verhalten zu korrigieren und so eine womöglich fatale Entwicklung zu ändern oder wenigstens zu mildern.

Das I Ging ist also nicht ein Verkünder unabänderlichen Schicksals. Es erlaubt dem Suchenden vielmehr, die Situation unabhängig von Vorurteilen oder Ängsten des Wachbewußtseins zu »durchschauen«, um sie dann entweder zu akzeptieren oder seinen freien Willen einzusetzen, um sie zu ändern.

Es ist nicht ratsam, das I Ging allzuhäufig oder immer wieder über das gleiche Problem zu befragen. Nur wenigen wird es gelingen, bei kurzem zeitlichen Abstand die rechte Einstimmung auf das Höhere Selbst beizubehalten. Das I Ging eignet sich deshalb auch nicht für Serienexperimente.

Bei richtiger Einstimmung wirken geistig-seelische Kräfte direkt auf die Hand, die durch ganz bestimmte Bewegungen die Schafgarbenstengel oder Münzen jeweils »so und nicht anders« fallen läßt. Wie das geschieht, ist noch immer weitgehend unerforscht, man sieht eben nur am Ergebnis, *daß* es geschieht!

Sehr wahrscheinlich sind polare seelische Spannungszustände am Werk, die sich in der Form feinster Impulse auf unsere Handbewegungen übertragen. Das scheinbar so einfache Werfen ist in Wirklichkeit ein unerhört komplexes Zusammenwirken von feinsten psychophysischen Energien. Noch einmal sei C. G. Jung zitiert: »Während der westliche Geist sorgsam siebt, wägt, auswählt, klassifiziert und isoliert, umfaßt das chinesische Bild des Augenblicks alles bis zum winzigsten belanglosen Detail, denn alle diese Ingredienzen machen den beobachteten Augenblick aus.«

Die genialen Schöpfer des I Ging im alten China fanden durch lange Erfahrung heraus, durch welche Linienkombinationen sich die im Orakelwurf zum Ausdruck kommenden Situations-Kraftfelder auszudrücken pflegten. Sie fanden dazu dann ein differenziertes System von Antworten, das im Laufe der Zeit immer mehr ausgefeilt wurde.

Vieles spricht dafür, daß das System der 64 Hexagramme ein »Weltcode« ist, nach dem auch andere grundlegende Prozesse des Lebens und Geistes ablaufen. So hat der deutsche Arzt Dr. Martin Schönberger eine verblüffende Übereinstimmung zwischen dem I Ging und der DNS-Doppelhelix festgestellt, die sämtliche Erbfaktoren unserer Körperzellen programmierend bestimmt.

Der DNS-Doppelfaden wird mit vier »Buchstaben« beschrieben (Adenin, Thymin, Cytosin und Guanin), von denen jeweils drei ein Codewort (Triplett) für die Eiweißsynthese bilden. Im I Ging entsprechen dem die vier ruhenden und bewegten Yin- und Yangzeichen, von denen immer drei ein »Urbild« darstellen.

Die Biogenetik kennt 64 solcher Tripletts, die wiederum den Aufbau der 20 möglichen Aminosäuren bestimmen. Die ganze ungeheure Vielfalt der Natur, »von der Amöbe bis zur schillernden Pfauenfeder« (Schönberger) gründet sich darauf.

Analog basiert auf den 64 Hexagrammen des I Ging mit ihren fast unendlichen Verwandlungsmöglichkeiten die unerhörte Feinheit und Vielfalt der Schicksalsprogrammierung eines Menschen.

Kritiker werden einwenden, daß der DNS-Code streng deterministisch ist, während wir uns beim I Ging nur auf das Indiz verlassen, daß gleiche Situationen beim gleichen Menschen immer wieder zu gleichen oder ähnlichen Orakelwürfen führen. Aber darum geht es ja gerade: Es wird postuliert, daß der 64er-Code *universal* ist, daß er sich also auf Materielles wie Geistiges gleichermaßen erstreckt.

Wer dem nicht folgen mag, der sei daran erinnert, daß der von Crick und Watson gefundene mikroskopische Doppelfaden, auf dem ausnahmslos *alle* Lebensvorgänge unserer Welt in einer einheitlichen Mikro-Codeschrift verzeichnet sind, den meisten Wissenschaftlern noch vor zwei Jahrzehnten ebenso unglaublich erschienen wäre.

Ebenfalls auf den I-Ging-Hexagrammen fußte die Entdekkung von zwei Wellen/Partikeln, für die Tsung Dao Lee und Chen Ning Yang den Nobelpreis erhielten. Ihre Arbeit eröffnete einen völlig neuen Zugang zur Frage der Zusammensetzung der Materie.

Es gibt nichts dem I Ging Gleichwertiges; aber auf einer anderen Ebene gewissermaßen verdient das Tarotspiel genannt zu werden. Es ist viel weniger präzise, aber als »seelischer Spiegel« des Benutzers von großer Tiefgründigkeit.

Der Ursprung des Tarot ist umstritten. Einige Autoren halten es für erwiesen, daß die symbolischen Bilder auf Papyros oder Täfelchen schon von den alten ägyptischen, babylonischen, indischen und mexikanischen Kulturen zur Schicksalsdeutung verwendet wurden. Wandgemälde und andere archäologische Funde werden als Zeugnis dafür genannt. Die Figuren auf ihnen zeigen in völlig verschiedenen Teilen der Welt so starke Ähnlichkeit, daß eine gemeinsame unbekannte Urquelle angenommen wird.

Moses, so lautet eine Überlieferung, habe die Kenntnis des Tarot neben anderem geheimen Wissen bei seiner Einweihung von ägyptischen Priestern erhalten und an sein Volk weitergegeben. So gehörten sie eigentlich zur jüdischen Kabbala. Ein französischer Autor führt den Tarot auf ein Buch zurück, das beim Brand der Bibliothek von Alexandria erhalten blieb.

Andere wiederum argumentieren, daß die Pharaonenzeit zwar magische Formeln zur Bereitung des Weges der Seele ins Jenseits kannte, aber sich selbst als in einer perfekten Welt lebend empfand und deshalb wenig Anlaß zur Zukunftsdeutung gehabt habe.

Geschichtlich ist erwiesen, daß Tarotkarten im Mittelalter, ab etwa 1325, in Frankreich und Italien auftauchten. Ihre Schöpfer waren ganz sicher mit der Kabbala und anderen Geheimlehren vertraut, deren Hüter ihr Wissen in Zeichen und Bildern verschlüsselten. Möglich, daß diese Bilder durch die Tempelritter oder Angehörige anderer Orden nach Westeuropa gebracht worden waren.

Wer die 78 Karten des Tarotspiels in die Hand nimmt – von denen 4 x 14 = 56 die »kleinen Arcana« und 22 die »großen Arcana«* (frz. *Atouts*) genannt werden –, sieht sofort, daß es sich besonders bei den Atouts um Archetypen, um Urbilder der Bewußtseinsstufen des Menschen handelt. Sie sind voller Symbolik, die keineswegs auf den ersten Blick verständlich ist, sondern mühsam gelernt werden muß. Tarotexperten sagen, daß es Jahre dauern kann, bis man diese Kunst der Auslegung in allen Nuancen beherrscht; auch dann noch ist in jedem einzelnen Fall ein hohes Maß von Einfühlungsvermögen und Intuition erforderlich.

Greifen wir einmal eine der am leichtesten verstehbaren Tarotkarten heraus, den »hängenden Mann«. Es handelt sich keineswegs um einen am Galgen Aufgehängten. Der junge Mann, dessen Miene eigentlich eher Gleichmut und Heiterkeit verrät als Verzweiflung, hängt mit dem Kopf nach unten am linken Bein an einem Strick, der über einen Querbalken gelegt ist. Einige Tarotspiele zeigen ihn mit Geldsäckeln unter den Armen, aus denen silberne und goldene Münzen zur Erde fallen. Die beiden Pfeiler des seltsamen Galgens sind behauene Baum-

* Arcana bedeutet »verborgene Weisheit«.

XII
THE HANGED MAN

XVII
THE STAR

X
THE WHEEL OF FORTUNE

THE FOOL

stämme, unten blau, oben grün, mit rotbemalten Astansätzen. Das obere Querbrett ist dort, wo der siebte Ast gewachsen wäre. Das rechte Bein bildet ein Kreuz am linken. Die Taschen sind halbmondförmig, die Knöpfe bilden einen Farbkontrast zu den beiden Teilen der Jacke. Jedes, auch das kleinste Detail hat seine Bedeutung.

Welche? Die Tarotbücher – sie sind inzwischen kaum noch zu zählen – geben auf vielen Seiten Auskunft darüber. Der »Aufgehängte« wird meist als Abbild des seelischen Zustands eines Menschen gesehen, der alles umgekehrt sieht als andere und so mit seiner Umwelt in ständigem Konflikt lebt. Diese Sicht ist jedoch das Ergebnis einer siebenstufigen Entwicklung, die durch die Astansätze versinnbildlicht wird, wobei der siebte vom Querbrett versinnbildlicht wird, das die Fußspitze gerade berührt.

In den sieben Astansätzen lassen sich Symbole für die sogenannten Chakras sehen, nach indischer Lehre die seelischen Zentren im Körper des Menschen. Sechs von ihnen hat der Hängende bereits unter seiner Kontrolle, die siebente berührt er. Wenn er es beherrscht, wird er sich selbst zur Gänze erkennen.

Die bei seinem geistigen Aufstieg gesammelten Schätze gibt der freundliche junge Mann an seine Mitmenschen weiter: die zur Erde fallenden Münzen repräsentieren diese Erfahrungen. Aber, wie könnte es anders sein, die herabfallenden Schätze werden von den anderen nicht als solche gesehen. Der junge Mann wird vielmehr mißverstanden und beargwöhnt.

Die Schweizer Schriftstellerin Elisabeth Haich erklärt, daß Menschen, die eine bestimmte geistige Entwicklung erlangt haben, etwa durch Yoga-Übungen, »tatsächlich den Zustand erleben, in welchem sie das Gefühl haben, sie seien aufgehängt worden«, ohne vorher von der Tarotkarte gewußt zu haben. »Manche berichten, daß sie während der Meditation plötzlich das Gefühl bekommen haben, an den Füßen in die Höhe gehoben zu werden und in dieser Stellung, mit dem Kopf nach unten hängend, bleiben zu müssen.«

Der »Aufgehängte« hat jedoch nichts mit Yoga an sich zu tun. Das Bild repräsentiert, auf einen ganz einfachen Nenner gebracht, den geistig fortgeschrittenen Menschen, dessen Motive anders sind als die der Umwelt, der aber deshalb ständig mißverstanden wird. Manche Interpreten sehen die Karte auch als Symbol für einen Menschen, der nicht erkennt, daß er verkehrt herum zu seiner Mitwelt steht – jemanden, der *glaubt,* alles recht gemacht zu haben, aber dennoch mit der Umwelt nicht zurechtkommt. Er muß sich überprüfen.

Richtig einzuordnen weiß diese und jede andere Karte der großen Arcana aber nur, wer auch die vorangehende und die folgende Karte genau einzuschätzen weiß, und diese sind oft noch viel schwerer zu interpretieren. Erst alle 22 Karten zusammen ergeben eine einheitliche Aussage.

Tarotkundige streiten sich darüber, welches Tarotspiel das »rechtmäßige« ist. Es gibt gute, schlechte, grob gezeichnete Karten. Zu den letzteren gehört auch das »Zigeunertarot«. Wenn eine Zigeunerin trotzdem gut mit ihm arbeitet, liegt der Grund sehr wahrscheinlich darin, daß sie hellsichtig ist und die Karten nur zur Konzentration benutzt.

Tarot und I Ging sind beides Chiffresysteme der Seele, aber das I Ging ist es auf eine exaktere Weise, und seine Deutungen sind in einem Buch von mehreren hundert Seiten festgehalten. Beim Tarot kann man zwar die Bedeutung der Karten in Büchern studieren, aber sie sind von schillernder Vielfalt; der »Hängende Mann«, das »Schicksalsrad«, ja auch der »Tod« und ihre Details werden von Fall zu Fall ganz andere Nuancen haben. Ihren Sinn offenbaren sie erst im Zusammenhang mit den vor- und nachher gelegten Karten und mit der seelischen und weltlichen Augenblickssituation dessen, der das Orakel befragt.

Wie jemand sein Tarotspiel auf eine ganz bestimmte Weise mischt, abhebt und auslegt ist – genau wie beim Werfen des I Ging – keineswegs Zufall. Der Tarot wird jedesmal auf eine Weise gelegt, die dem seelischen Zustandsbild des Fragenden auf eine ganz persönliche Weise entspricht. Sein eigenes Unbewußtes »programmiert« den seelischen Computer der kleinen und großen Arcana, die dann in allegorischen Bildern zu ihm sprechen.

Wie das I Ging will auch das Tarot mit Respekt behandelt werden. Die Kundigen raten dazu, dies auch in den Äußerlichkeiten zu tun: man bewahre das Spiel gut auf und lasse es nicht herumliegen, man wasche seine Hände vor Gebrauch der Karten und meditiere über die Frage, die man dem Orakel stellen will. Während dieser Versenkung soll man die Frage möglichst präzise formulieren. Noch während der Konzentration darauf mische und lege man die Karten. Der Fragende sollte sich in entspannter Erwartung befinden, nicht einer bloß neugierigen oder gar unbeteiligten Haltung. Wer das Tarot als unterhaltendes Gesellschaftsspiel betrachtet, vergeudet seine Zeit; es wird ihm ebensowenig sinnvoll antworten wie das I Ging.

Das Tarot erfordert Lehrzeit; die Karten mögen dem Anfänger eher verwirrend als weise erscheinen, ihre Interpretation als ein verzweifelt schwieriges Unterfangen. Dann aber kommt ein Tag, an dem sie ihren Reichtum an symbolhafter Bedeutung entfalten. Der Fragende muß selbstverständlich seine Intuition mitsprechen lassen.

Das Tarot ist wie ein Instrument. Es gehört Übung dazu, es gut zu spielen, und es hängt völlig von uns ab, was wir aus ihm machen. Der Vergleich mit einem Instrument oder mit einem Schreibgerät gibt uns vielleicht sogar einen Hinweis darauf, warum die Hand des Tarotspielers die Karten so mischt, daß seine Frage in ihnen Ausdruck findet. Denn sobald wir ein Instrument beherrschen und das Schreiben gelernt haben, kümmern wir uns nicht mehr um den technischen Vorgang. Unser Geist kann ihn frei benutzen.

Das Tarot kann bei richtiger Anwendung dem Fragenden manche Selbsterkenntnis vermitteln, ja kann in kundigen Händen sogar ein Hilfsmittel der Psychotherapie sein. Der Therapeut muß das Spiel zusammen mit seinem Patienten legen. Nachdem er ihm die möglichen Bedeutungen erklärt hat, läßt er den Patienten selber sagen, was das jeweilige Bild ihm vermittelt.

Orakel können bis zu einem gewissen Grade »stimmen«. Sie können zur großen Mode werden. Über die Zeiten erhalten bleiben nur jene, die wie das I Ging Ewigkeitswert besitzen. Das beste Beispiel für ein Modeorakel ist das einstmals berühmte »Schicksalsbuch Napoleons«. Es ist heute nur noch in wenigen Londoner Bibliotheken zu finden. Aber während des 19. Jahrhunderts war es für Jahrzehnte ein Bestseller.

Das »Book of Fate« erschien erstmals 1822 in London.[4] Der Herausgeber, Hermann Kirchenhoffer, behauptete, es handele sich um die ins Englische übertragene deutsche Übersetzung eines altägyptischen Orakeltextes. Einer der Gelehrten, die Napoleon auf seiner Expedition nach Ägypten (1798–1801) begleiteten, habe den Papyrus in einem Königsgrab bei Theben gefunden.

Der Kaiser, so Kirchenhoffer, ließ den kostbaren Fund »von einem gelehrten Kopten« übersetzen. Man bedauert, daß Jean-Francois Champollion, der die Hieroglyphen erst mit Hilfe des berühmten Rosetta-Steins entziffern konnte, offenbar nicht die Bekanntschaft dieses Mannes machte! Um das Geheimnis des Orakels nicht zu gefährden, sei der Text dann sogleich von einem Sekretär ins Deutsche übertragen worden.

Angeblich hat Napoleon diesen Text dann ständig bei sich getragen, wie einen Schatz gehütet und das Orakel fleißig befragt, wann immer er wichtige Entscheidungen zu treffen hatte. In der Schlacht bei Leipzig 1813 soll die Privatschatulle des Kaisers, die auch das Orakel enthielt, verlorengegangen sein. Von diesem Tage an begann auch der Stern des großen Korsen zu sinken.

Auf abenteuerlichen Wegen – ein preußischer Offizier, der den Wert des erbeuteten Dokuments nicht erkannte, soll es für ein paar Dukaten an einen kriegsgefangenen französischen Offizier verkauft haben – sei das Orakel schließlich wieder nach Frankreich gelangt.

Soweit Kirchenhoffers Einführung. Seine Zeitgenossen scheinen diese Geschichte geglaubt zu haben – auf jeden Fall war sie höchst publikumswirksam in Szene gesetzt: 1822, ein Jahr nach seinem Tode, war Napoleon noch in jedermanns Bewußtsein. Nachrichten über aufsehenerregende Funde in den ägyptischen Königsgräbern füllten eben um diese Zeit die europäischen Gazetten. Hinzu kam der Kitzel des Geheimnisvollen, das sich dem Benutzer des Orakels erschloß: er oder sie selbst konnte nun das Schicksal befragen, wie es der große Kaiser – solange er das Dokument besaß – getan hatte. Die Befragung, so Kirchenhoffer, sollte möglichst in Vollmondnächten geschehen.

Mit derart unwiderstehlichen Mystifizierungen umrankt, wurde das »Book of Fate« zu einem der Bestseller des 19. Jahrhunderts.

Ein britischer Autor, Richard Deacon, kommt nach einer sorgfältigen Analyse aller Umstände zu dem wahrscheinlich richtigen Schluß, daß das Orakel in seiner veröffentlichten Form eine geschickte Fälschung war, die sich auf ein obskures mittelalterliches Okkultmanuskript stützte, das von den sich hinter dem Namen Kirchenhoffer verbergenden Autoren umgemünzt und den damaligen Zeitverhältnissen angepaßt wurde. Die Mär von Napoleon und der Schlacht bei Leipzig sei dann als Rahmen dazu erfunden worden.[5]

Wer das Orakel selbst probieren will, findet alles Nötige in Deacons Buch. Doch sei er gewarnt, daß die Fragen nicht, wie beim I Ging, frei gestellt werden können, sondern bereits – und dies in ziemlich antiquierter Form – vorformuliert sind. Der Fragesteller hat nur noch eine Fünferreihe von Bleistiftstrichen schnell niederzuschreiben (es müssen mehr als 12 Striche sein, und er darf nicht mitzählen), wobei die gerade oder ungerade Zahl der Striche den Code bestimmt, der dann wiederum in einer Tabelle (siehe Abbildung) in der Form altertümlicher Symbole fixiert wird. Diese werden dann, ähnlich wie beim I Ging, im Antwortteil des Buches abgelesen. Jede der 32 Fragen kann auf 32 verschiedene Weisen beantwortet werden. Ein 64er System scheint versucht, aber als zu umständlich wieder aufgegeben worden zu sein.

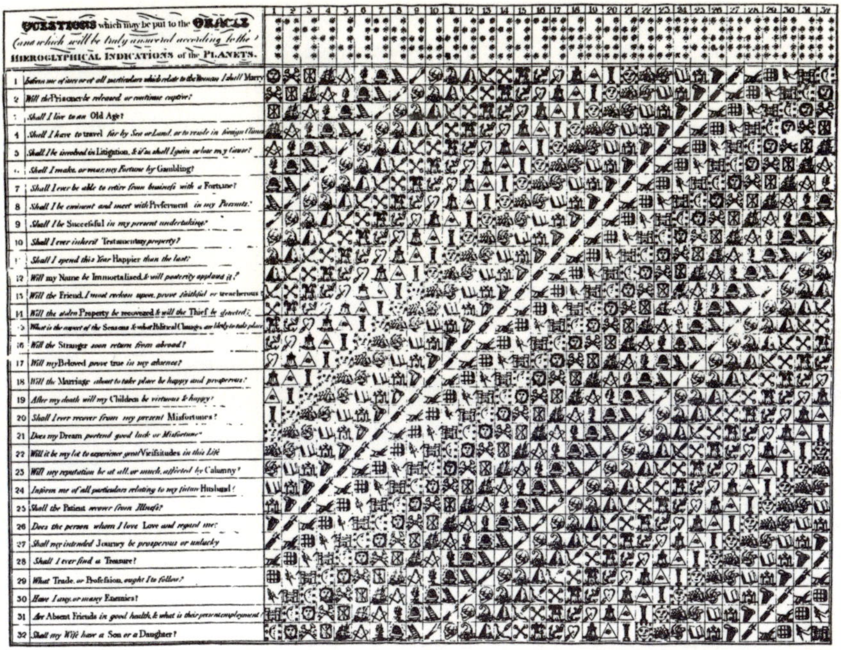

Das Bild zeigt eine Seite aus Kirchenhoffers Buch. Links die 32 (festliegenden) Fragen. Die Antworten richten sich danach, wie die vom Orakelbenutzer gezogenen Striche bewertet werden. Sie sind unter dem angegebenen Symbol im »Book of Fate« aufgeführt.

Die Autoren, clevere Fälscher, die sie sehr wahrscheinlich waren, dachten sogar daran, daß die alten Ägypter nicht Bleistifte und Papier besaßen: die Linien wurden angeblich mit Blut aus einem angestochenen Finger gezogen. Auch scheinen sie einiges von militärischen Geheimcodes und vom I Ging verstanden und mit verarbeitet zu haben.

Das Ziehen einer nicht determinierten Zahl von Strichen ist dem Werfen von Münzen nicht notwendigerweise unterlegen (wohl aber der sehr viel gründlicheren Schafgarbenstengel-Methode). Aber zwischen der unendlichen lebendigen Vielfalt des chinesischen Orakels und dem recht groben Antwortschema des »Book of Fate« liegt dann eben doch ein sehr beträchtlicher Unterschied.

Auf seine einfache Weise »funktioniert« das Napoleon-Orakel dennoch. Seine antiquierten Aussagen sind uns heute kaum noch nützlich, aber dort, wo sie angewendet werden können, treffen sie bemerkenswert oft ins Ziel. Es scheint, daß das Unbewußte, wenn es durch Konzentration richtig angesprochen wird, sich *jedes* Orakels bedient, ganz gleich, woraus dieses besteht.

Der Nutzen der Antwort hängt immer von der Differenziertheit des Orakels und vom Fragenden selber ab. Das I Ging dürfte den ehrlichen Sucher am raschesten zum Ziel führen.

Kapitel 10
Astrologie – das Räderwerk der Schicksalsuhr

Tacitus berichtet in seinen *Annalen,* daß Tiberius während seines Aufenthaltes auf Rhodos sich auf das Dach seines Hauses zurückzuziehen pflegte, wenn er Zukunftsdeuter empfing. Die Astrologen, deren Können Tiberius erkunden wollte, wurden von einem ehemaligen Sklaven entlang eines Abgrundes dorthin geführt, denn das Gebäude stand auf dem Felsufer am Meer. Bestanden sie die Probe nicht oder wurden sie gar für Scharlatane gehalten, so kehrten sie niemals zurück. Der Diener stieß sie in den Abgrund, damit kein unwürdiger Zeuge des Vorgegangenen überlebe.

Eines Tages nun wurde der Astrologe Thrasyllus zu Tiberius gerufen. Der Grieche beeindruckte den römischen Feldherrn mit seiner intelligenten Deutung künftiger Ereignisse, einschließlich der Thronbesteigung des Tiberius. Schließlich aber forderte dieser den etwas verdutzten Astrologen auf, sein eigenes Horoskop für diesen Tag zu errechnen. Thrasyllus machte sich daran. Endlich hielt er mit allen Anzeichen der Bestürzung inne – die Konstellation dieses Tages zeigte, daß er sich in einer kritischen, ja vielleicht tödlichen Gefahr befand!

Tiberius legte dem Erregten die Hand auf die Schulter: Er habe die Gefahr in ganz vorzüglicher Weise erkannt, doch werde er ihr entrinnen! Thrasyllus wurde nicht nur in allen Ehren entlassen, er wurde zu einem ständigen Freund und Berater des Tiberius.

Vielleicht erzählt uns Tacitus nur eine schöne Anekdote; jedenfalls sind so durchgreifende Testmethoden an den heutigen Astrologen nicht mehr üblich und möglich. Aber am Grundlegenden hat sich seit damals gar nicht soviel geändert. Die Menschen sind auf eine nicht selten naive Weise sterngläubig und prüfen den Wert des Angebotenen nicht so, wie sie es sollten. So bietet die Astrologie ein recht wechselvolles Bild, vom äußerst Profanen bis zur tiefen Wahrheit.

Astrologie, seriös ausgeübt, ist die hohe Kunst des Erfassens und Deutens des »Lebenscodes«, der jedem Menschen mit auf den Weg gegeben wird. Das zu sagen, erfordert nach gründlicher Prüfung das Gebot der Fairneß. Eine »exakte Wissenschaft« ist sie freilich nicht oder nur in ihrem rechnerischen Teil. Dieser aber ist nur die eine Seite. Die andere, ohne die die eine nicht viel hilft, heißt Erfahrung, Einfühlungsvermögen, Tiefblick als Rüstzeug dessen, der ein Horoskop stellt.

Bei wirklich guten Astrologen gehen diese beiden Seiten *immer* miteinander einher. Horoskope für Klienten, die der Astrologe nicht persönlich kennengelernt hat, sollten die Ausnahme von der Regel sein. Der Astrologe sollte einiges über die Person des Betreffenden wissen und mindestens psychologische Grundkenntnisse besitzen. Computerhoroskope erfüllen diese Voraussetzungen nicht; sie sind deshalb so gut wie wertlos.

Man kann die Astrologen nicht von Schuld daran freisprechen, wenn ihr Berufsstand noch immer nicht die wünschenswerte Anerkennung findet. Zu viele Astrologen bewegen sich mit grob verallgemeinernden Presse-Horoskopen in der Nähe des »Jahrmarkts«. So ist es kein Wunder, wenn es immer wieder erneut zu Angriffen auf die Astrologie kommt.

In den USA rückten vor wenigen Jahren noch 186 Wissenschaftler mit einer gemeinsamen Erklärung von der Astrologie öffentlich ab. Die Astrologen wiesen zwar nach, daß die Sammlung der Unterschriften durch die vehement anti-esoterische *Humanist Association* und die Art der Publizierung nicht wissenschaftlichen Grundsätzen entsprach, aber der Schaden war eingetreten.

Keiner der Unterzeichner hatte anscheinend mehr als eine nur ganz oberflächliche Kenntnis der Astrologie; viele mögen ihre Unterschrift gegeben haben, um sich nicht vor Kollegen »verdächtig« zu machen oder ganz einfach, weil ihnen der astrologische Jahrmarkt zuwider war.

Dieser ist nun zwar in den USA wesentlich aufdringlicher und eher noch primitiver als in Europa. Von Wissenschaftlern muß man jedoch verlangen, daß sie differenziert urteilen und nichts pauschal verdammen, was sie nur sehr flüchtig kennen.

Dabei liegen, seit der Franzose Dr. Michel Gauquelin seine Forschungen veröffentlicht hat, eine Reihe moderner, wissenschaftlich völlig unangreifbarer Untersuchungen vor, die die Astrologie zumindest in einem Punkt einwandfrei bestätigen: Menschen mit ähnlichen ausgeprägten Eigenschaften haben in ihrem Horoskop überwiegend auch die gleichen Aszendenten oder die Sonne im gleichen Tierkreiszeichen.

Gauquelin begann als Statistiker in Straßburg und Paris in den 50er Jahren mit der Untersuchung astrologischer Daten, um, nach eigenem Eingeständnis, den vermeintlichen Widersinn der Astrologie mit unwiderlegbaren wissenschaftlichen Mitteln zu demonstrieren. Er sammelte zu diesem Zweck die Geburtsdaten von rund 1000 bekannten Medizinern, wobei er sich von den Standesämtern die genaue Zeit der Geburt mitteilen ließ. Bei der Auswertung stellte er verblüfft fest, daß ein unerwartet hoher Prozentsatz bei der Geburt Mars oder Saturn als Aszendenten oder Deszendenten hatte. Die Wahrscheinlichkeit, daß dies Zufall sein könnte, war eins zu einer Million!

Gauquelin war so beeindruckt, daß er seine Forschungen über viele Jahre fortsetzte, bis er schließlich 50 000 Geburtsdaten analysiert hatte. Sie ergaben, daß auch andere Berufe ganz spezifische astrologische Merkmale hatten. Berühmte Feldherren und Offiziere hatten, ebenso wie Sportler, den Mars in starker Position, Schauspieler den Jupiter, Schriftsteller den Mond, Wissenschaftler wieder den Saturn. Es gibt ausgesprochene Negativzeichen. So schreibt Gauquelin: »Als Gruppe gesehen tendieren jene, die Schauspieler werden, nicht dazu, die Welt zu betreten, wenn Mars oder Saturn gerade über den Horizont oder den Meridian ziehen.«[1]

Der Sorbonne-Professor fand außerdem deutliche Ähnlichkeiten zwischen den Geburtshoroskopen von Eltern und Kindern.

Andere haben auf seiner Arbeit aufgebaut. In den USA beschäftigte Edmund van Deusen ein Forschungsteam bei der Analyse von über 160 000 Geburtsdaten von Personen aus 37 verschiedenen Berufen, die auf die eine oder andere Weise besonders erfolgreich gewesen waren; in Großbritannien brachten es Soziologen bis 1977 auf weitere 100 000. Bei ihnen ergab sich neben der Korrelation der Aszendenten auch eine typische Vorliebe der (erfolgreich ausgeübten) Berufe für ein bestimmtes Tierkreiszeichen.

Skorpionmenschen werden gute Ärzte oder Soldaten, Widder werden gern Politiker, Jungfrauen zieht es zur Schriftstellerei; Zwillinge sind oft die Diplomaten und Juristen, Löwen sind gute Lehrer, die natürliche Autorität ausstrahlen.

Es blieb nicht unbemerkt, daß auch die amerikanischen und britischen Kollegen Gauquelins keinesfalls »astrologiegläubig« waren, als sie mit ihrer Arbeit begannen. Ihrer geduldigen Fleißarbeit ist es zu danken, daß die Wissenschaft in ihrer Gesamtheit aufgeschlossener geworden ist. Astrologie ist kein Tabu-Thema mehr.

Man kann mit diesen Forschungen eine interessante astrologische Typenlehre aufbauen, für den Suchenden birgt sie jedoch nicht allzuviel. Der wirkliche Wert der Astrologie kann sich immer nur an der Gründlichkeit und Intuition dessen erweisen, der ein Horoskop stellt. Beherrschung des Handwerklichen ist selbstverständlich Voraussetzung, wobei die von Alfred Witte begründete, mit mathematischen Gleichungen arbeitende »Hamburger Schule« besonders präzise Angaben ermöglicht.*

* Immer vorausgesetzt, daß die Geburtszeit richtig angegeben ist. Eine Abweichung von nur 4 Minuten bedeutet in der zeitlichen Progression einen Unterschied von 1 Jahr!

Es genügt aber nicht, zu wissen, daß richtig ausgeübte Astrologie ernst zu nehmen ist; sie muß uns auch sagen, *warum* »die Sterne« den Lebensgang eines Menschen beeinflussen. Oder besser, *ob* sie ihn beeinflussen. Denn es könnte ja auch sein, daß sie ihn nur anzeigen!

Werden wir von den Gestirnen »bestrahlt«? Die Vorstellung, daß Strahlen aus dem Kosmos niedergehen, klingt ein wenig nach mittelalterlichem Aberglauben. Moderne Astrologen vermeiden es, von »Strahlen« zu sprechen, und wenn sie von »Einflüssen« reden, lassen sie offen, ob es sich dabei auch um solche physischer Art handelt. Aber daß sie vorhanden sind, seien sie auf Magnetismus, Gravitation oder noch ganz unbekannte kosmobiologische Effekte zurückzuführen, steht jenseits allen Zweifels fest.

Jeder Obstgartenbesitzer und Blumenfreund weiß, daß Pflanzen in bestimmten Perioden besser Früchte tragen und Blumen besser gedeihen, wenn sie zu einer bestimmten Zeit gepflanzt worden sind. Sonnen- und Mondeinfluß bestimmen den Zyklus der Frau.

Nach einer interessanten Hypothese des Schweizer Psychiaters Dr. Andreas Hedri ist der auslösende Faktor nicht die Eigenwirkung des Mondes, sondern die Tatsache, daß der Erdtrabant bei Vollmond *nicht* zwischen Sonne und Erde steht, so daß seine abschirmende Wirkung ausfällt. Normalerweise wirken Mond und irdisches Magnetfeld zusammen. Die Erdatmosphäre ist also bei Vollmond den magnetischen und anderen Einwirkungen der Sonne besonders stark ausgesetzt.

Hedri weist darauf hin, daß sich die Vollmondbeschwerden durchaus nicht etwa auf die Nacht beschränken; sondern sich während des Vollmondes auch tagsüber zeigen. Auch starke Bewölkung mindert sie nicht. Der Einfluß kann also nicht vom Licht des Vollmondes herrühren, sondern muß auf kosmischer Strahlung beruhen.[2]

Der tschechoslowakische Gynäkologe Dr. Eugen Jonas hat durch Reihenversuche festgestellt, daß die Empfängnisbereitschaft einer Frau in jener Mondphase am höchsten ist, unter der sie selbst geboren wurde. Dies will er in 85 bis 90 Prozent aller Schwangerschaften bestätigt gefunden haben. Das Geschlecht eines Kindes hängt nach Jonas davon ab, ob der Mond bei der Empfängnis in einem positiven oder negativen Tierkreiszeichen gestanden hat.[3]

Im Westen sind diese Untersuchungen bisher noch nicht nachvollzogen worden. Es ist jedoch eine rein empirische »medizinische Astrologie« im Entstehen, die lohnende Ergebnisse zeitigen kann, wenn ihr Mittel für die notwendigen Forschungen zufließen.

Als Beispiel sei die Untersuchung des amerikanischen Arztes E. J. Andrews genannt, der feststellte, daß 82 Prozent der starken postoperativen Blutungen nach Mandeloperationen in seiner Klinik sich um die Vollmondzeit ereigneten, obwohl bezeichnenderweise sowieso schon weniger Patienten sich um diese Zeit operieren ließen.

Eine einzige solche Untersuchung kann kein Grund sein, die Vollmondzeit als grundsätzlich »operationsfeindlich« abzulehnen; sie unterstreicht jedoch die Notwendigkeit von systematischer Forschung in bezug auf die Wirkung kosmischer Rhythmen.

Die Astrologie spricht nun aber nicht nur von Sonne und Mond, sie mißt den Planeten mindestens die gleiche Bedeutung zu. Studien von Nichtastrologen ergeben oft keine Beziehung zwischen Geburtszeit, Beruf und Charakter, weil die Autoren die Bedeutung der Planeten unterschätzen, sich auf das Sonnenzeichen beschränken und so ungewollt »Primitiv-Astrologie« betreiben.

Gauquelins Forschungen beweisen, daß die Planetenstellungen eine viel stärkere Beziehung zur Persönlichkeit haben als die Sonne, obwohl deren direkter Einfluß auf das Erdgeschehen überaus stark ist. Von Jupiter, Saturn, Mars, Venus, Merkur, Uranus, Neptun oder Pluto kommen dagegen keine physikalischen Direktwirkungen. Dabei ist beispielsweise der Riese Jupiter zehnmal so groß wie die Erde, hat 13 Monde und ist von einem starken magnetischen Feld umgeben.

Es gibt nun aber Anzeichen dafür, daß die Planeten die Oberflächenaktivität der *Sonne* beeinflussen; und diese wiederum hat einen einwandfrei bewiesenen nachhaltigen Effekt auf das erdmagnetische Feld! So ist also indirekt eine Kausalkette vom Planeten zum Neugeborenen durchaus denkbar.

Jeder Mensch bildet ein elektromagnetisches Kraftfeld, das wiederum eingebettet ist in eine Vielzahl sich gegenseitig durchdringender größerer Kraftfelder der Erde, der Sonne, des Mondes. Insoweit sind materielle Einflüsse bei der Geburt auch nach streng naturwissenschaftlichen Kriterien durchaus denkbar. Man könnte etwa an nervenphysiologische Wirkungen ähnlich denen denken, die Wetter und Klima auf den Menschen haben.

Auch Michel Gauquelin glaubt an den Einfluß feiner physikalischer Kräfte bei der Geburt. Er meint allerdings, daß diese Kräfte auf die Mutter wirken und die Wehen auslösen. Die Astrologen widersprechen ihm hierin. Sie werfen ihm vor, daß er zwar einerseits den Einfluß der Sterne anerkenne, aber nach einer Hintertür suche, um nicht allzu direkt mit der Astrologie identifiziert zu werden.

Der Astrologe Niels Röber, ein Vertreter der »Hamburger Schule«, spricht von einer Kombination von feinstmateriellen und geistigen Einflüssen. »Es ist ähnlich wie bei der Homöopathie. Wenn ich durch Potenzierung winziger Arzneimengen einen Körper beeinflussen kann, dann ist es durchaus vorstellbar, daß auch überaus feine kosmische Einflüsse auf uns wirken. Ich glaube aber, daß die Himmelskörper eine zweifache Wirkung haben oder sie signalisieren: eine äußere und eine innere.«

In der Tat wäre die Astrologie Unfug, wenn sie sich mit nichts weiter befaßte als mit den etwaigen äußeren Einflüssen von Sonne, Mond und Planeten. Diese Aufgabe kann man getrost der Kosmobiologie überlassen. Darum ist es auch irreführend, wenn die Vulgärastrologie vom »Bestrahltwerden« durch ein Gestirn spricht. Das führt leicht zu der Meinung, es werde von oben etwas auf den Menschen heruntergeschickt, gegen das er absolut machtlos ist. Venus »schickt« Liebesglück, Saturn Schmerz usw. So einfach ist es nicht.

Die astrologische Situation eines Menschen ergibt sich vielmehr aus einem Wechselspiel von kosmischer und geistiger Spannung. Vielleicht läßt sich die Himmelskarte eines Menschen am besten mit einer kosmischen Uhr vergleichen, neben der aber auch eine »innere Uhr« im Menschen selber besteht. Die beiden Uhren laufen synchron. Tatsächlich sah C. G. Jung in der Astrologie etwas ganz und gar »Synchronistisches«, einen akausalen Zusammenhang zwischen Kosmos und Schicksal.

Ein solcher Zusammenhang besteht, wie gezeigt wurde, schon beim I Ging. Wenn aber zwei Dinge gleichermaßen einem dritten entsprechen, dann liegt es nahe, daß sie auch untereinander verwandt sind. Von dieser Vermutung und den Arbeiten Dr. Martin Schönbergers ausgehend, stieß die deutsche Grafikerin und astrologische Forscherin Liselotte Hegeler auf Gesetzmäßigkeiten zwischen I Ging und Horoskop: eine Nativität* läßt sich grafisch als jeweils eine von 64 Codegruppen darstellen. Auch erbliche Verhaltensmuster treten dabei in Erscheinung sowie »einprogrammierte individuelle Voraussetzungen für die Auslösung des Todes«.

Dies bedeutet nicht, daß der Tod im Horoskop eindeutig ablesbar ist. Die »individuellen Voraussetzungen« können vielmehr im Laufe eines Lebens öfter im Horoskop eintreten, so daß der Tod etwa in Krisenzeiten früher zum Zuge kommen kann, als dies ohne körperliche Gefahren der Fall gewesen wäre. Der Tod ist nach Hegeler damit zwar nicht zeitlich, aber auf bestimmte kosmische Strukturen determiniert.

Es ist vor allem im fortgeschrittenen Lebensalter durchaus möglich, daß der Tod unter einem *guten* Aspekt eintritt. Positive Todeserlebnisse sind oft durch gute Jupiter-Aspekte angezeigt.

Der begabte Astrologe errechnet das Radixhoroskop (Geburtshoroskop) aus Datum, Uhrzeit und genauem Geburtsort

* Geburtskonstellation.

seines Klienten. Aus der Stellung von Sonne, Mond und Planeten zueinander und zu den beiden Achsen ergibt sich ein ganz individuelles Bild, ein persönlicher Code, der für das ganze Leben eines Menschen gilt. Es zeigt die Anlagen, die er auf seinen Lebensweg mitbekommen hat.

Das Ausrechnen des Radixhoroskops ist eine rein mathematische Aufgabe. *Diesen* Teil der Astrologie kann man tatsächlich einem Computer anvertrauen. Auf das Horoskopblatt eingezeichnet, ergibt sich nun auch optisch sichtbar das, was Astrologen gern ein kosmisches Spannungsfeld nennen. Farbige Linien verbinden die Planeten miteinander und bilden günstige oder ungünstige Winkel oder gar Konjunktionen und Oppositionen.

Für die Interpretation dieser Daten hat sich über die Jahrhunderte ein (in ungezählten Büchern niedergelegtes) Erfahrungswissen herausgebildet, das der Astrologe beherrschen und abwägend einsetzen muß. Männer wie Ebertin oder der schon erwähnte Alfred Witte haben es auf ihre Weise verfeinert.

Aber die Kombinationen und ihre Bedeutung sind von so außerordentlicher Vielfalt, daß erst jetzt die verantwortungsvollste Aufgabe des Astrologen beginnt: die Deutung.

Ohne Intuition ist keine Deutung vollständig. Dazu sollte immer Zeit vorhanden sein. Die Astrologin Genia von Känel in Ascona/Schweiz sagt, daß sie ein Horoskop zunächst ausrechne, dann aber sehr oft eine Woche liegenlasse, sozusagen um es zu »überschlafen«, bis dann schließlich die volle Gewißheit einer inneren Beziehung zu dem vorliegenden Schicksalsbild eintritt und die Deutung niedergeschrieben werden kann.

Das Radixhoroskop zeigt positive Anlagen auf, die wir besonders in jüngeren Lebensjahren fördern können, um das Beste aus ihnen herauszuholen. Ebenso zeigt es natürlich unsere Schwächen, die wir überwinden müssen. Es hilft vielen Menschen, von ihrer Selbstgerechtigkeit freizukommen, wenn ihnen das Horoskop etwas nicht so sehr Schmeichelhaftes sagt, das sie von ihren Mitmenschen nicht ohne weiteres akzeptieren würden. Die Astrologie kann so zu einem äußerst wertvollen Mittel der Psychologie und Tiefenpsychologie werden.

Aber noch mehr Intuition und Fachkenntnis verlangt die astrologische Zukunftsprognose. Sie ist eine um die Zeitdimension erweiterte Auslegung des Grundhoroskops und nicht ganz ohne Gefahren. Auch wenn der Astrologe selbstverständlich immer nur sagen kann, was *wahrscheinlich* sein wird, kann seine Deutung doch so viele Einzelheiten enthalten, daß beim Klienten ein Erfüllungszwang eintritt. Der verantwortungsbewußte Astrologe wird dies zwar zu vermeiden suchen, aber er kann nicht immer wissen, auf welchen in seinem Inneren verborgenen Umstand der Klient eine Aussage bezieht.

Prognosen sollten deshalb eigentlich nur gesucht werden, um eine Situation astrologisch auszuleuchten, bei der der Ratsuchende vor einer konkreten Wahl steht. Beispielsweise ob er sich selbständig machen oder ob er auswandern soll. Astrologische Partnerschaftsvergleiche können ebenfalls wertvolle Aufschlüsse geben.

In letzter Konsequenz bleibt es stets dem Klienten überlassen, ob er gut daran tut, sich eine Prognose stellen zu lassen. Er sollte sich selber sehr genau prüfen, ob sein Interesse nicht etwa nur der Ausdruck von Lebensangst ist. Dann bestünde die Gefahr, horoskopsüchtig, d. h. von der Aussage des Horoskops psychologisch auch in den Alltagsentscheidungen abhängig zu werden. Wer so handelt, mißbraucht die Astrologie und verliert seine innere Freiheit.

Auch dort, wo ein Horoskop Schicksalhaftes andeutet, läßt es stets eine *innere* Freiheit.

Hier sei noch einmal der Astrologe Niels Röber zitiert: »Jedes Horoskop ist eine Herausforderung an den Menschen, sein Schicksal anzunehmen, so wie es ist, dann aber positiv darauf aufzubauen...Die Astrologie, richtig genutzt, hilft mir, den Sinn meines Lebens zu erfassen und es voll auszufüllen. Je stärker ich negative Programme eliminiere, die in meinem Horoskop zu sehen sind, und positive potenziere, desto stärker, unabhängiger und freier werde ich. Das hat mich die Astrologie gelehrt.«

Das Geheimnis liegt dann darin, daß »die Sterne« den nicht mehr zwingen, der in seiner geistigen Entwicklung weit genug fortgeschritten ist. Allein von ihr hängt es ab, *wie* sich ein positiver oder negativer Aspekt auswirkt. Je primitiver ein Mensch ist, desto weniger freien Willen hat er, desto mehr ist er der »Schicksalsuhr« preisgegeben.

Planeten, Sonne und Mond haben sicher auch physischen Einfluß, ganz bestimmt aber sind sie »Kennmarken« für die psychodynamischen Kräfte in uns selbst, für schicksalhafte Strömungen und Einschnitte, durch die wir im Leben hindurchmüssen. Der Saturn, der einem Menschen vielleicht etwas Kummer macht, steht nicht nur am Himmel, er sitzt als geistig-qualitative Kraft vor allem auch in ihm selbst. Wenn man das weiß, kann man ihn eher überwinden.

Genia von Känel: »Man muß die Aspekte sublimieren, auf eine höhere Ebene heben. Die gleichen Einflüsse, die in der Jugend etwa Unfälle sind, um uns zum Nachdenken zu veranlassen, die sind später Widerstände, die man auf einer anderen Ebene verarbeitet. Sie brauchen uns dann auch nicht mehr zu stören und zu hindern. Alle Aspekte können sich im Physischen, im Seelischen oder im Geistigen auswirken.«

Daraus folgert sie: »Je höher ein Mensch geistig entwickelt ist, desto mehr freien Willen hat er, das im Horoskop Angezeigte positiv zu gestalten. Je mehr wir bereit sind, uns zu wandeln, desto weniger unterliegen wir den Einflüssen.«

Ganz ähnlich Röber: »Je weiter ein Mensch entwickelt ist, desto mehr kann er durch positives Denken die Einflüsse überwinden. Je breiter das menschliche Volumen ist, desto schwieriger wird es dann, astrologische Prognosen zu stellen.«

Was das Schicksal uns durchzumachen aufgibt, kann einmal in dieser, das andere Mal in jener Dimension an uns herantreten. In einem von Genia von Känel beobachteten Fall war eine von zwei Zwillingsschwestern ermordet worden. Der anderen geschah äußerlich nichts, aber sie erlitt das Getötetwerden innerlich. Das schwere, im identischen Horoskop klar ersichtbare Trauma blieb ihr nicht erspart; sie erlebte es nur in einer anderen, nichtkörperlichen Dimension.

Jeder Mensch hat seinen Lebenscode und seine persönliche Himmelsmechanik. Der Engstirnige oder von Trieben Geleitete ist ihr ausgeliefert: »Schicksal« ist etwas Unerbittliches für ihn. Für den, der sich selbst befreit hat, sind die Sterne nicht mehr Zwingherren.

Es geht nicht darum, ob Schicksalsschläge im Einzelfall abwendbar sind, sondern darum, wie wir sie *nehmen.*

Kapitel 11
Wiedergeburt ist jetzt ein Forschungszweig

Viele Menschen glauben »ein bißchen« an die Astrologie. Sie tolerieren selbst ihre Vulgärformen, weil sie unterhaltsam sind, oder lassen sich beeindrucken, wenn sie sehr persönliche Beweise erhalten. Aber damit endet es. Nur relativ wenige sind sich darüber im klaren, daß sie, wenn die Astrologie recht hat, ihre ganze Lebensauffassung ändern müssen.

Denn wenn die Konstellation der Gestirne in unserer Geburtsstunde für das ganze Leben wichtig ist, dann kann das nur bedeuten, daß der Mensch in diesem Augenblick in einen ganz individuellen, ihm bestimmten Rhythmus »einsteigt«.

Wollte man das nicht annehmen, müßten unsere Geburt, unsere Eltern und Lebensumstände und unsere psychologischen Anlagen ein bloßes Glücksspiel sein. Einem stünde die gute Fee an der Wiege, dem anderen die böse.

Es *kann* so sein, aber dann wäre die übergreifende Gesetzmäßigkeit, die sonst überall in der Natur und im Kosmos herrscht, ausgerechnet beim Menschen nicht gültig. Das aber ist unwahrscheinlich.

Wenn die naturgesetzliche Ordnung also gilt, dann hat die Mitgift, die der in der Stunde X geborene Mensch mitbekommt, für ihn und seine Entwicklung einen ganz spezifischen Sinn, sonst hätte er auch zur Stunde Y oder Z, d. h. unter ganz anderen Konstellationen geboren werden können.

Anders ausgedrückt, der Mensch übernimmt bei seiner Geburt ein für ihn bestimmtes »Päckchen«, er tritt in einen Spannungsrahmen, der synchron mit der Zeit in seinem Leben verläuft, ihm Prüfungen abverlangt, ihn reifen läßt und vielleicht auch belohnt. Und daraus, daß der eine ein »leichtes«, der andere ein »schweres« Leben hat, folgt – die Naturgesetzlichkeit immer vorausgesetzt –, daß beide schon vor der Geburt eine individuelle Existenz gehabt haben müssen, denn sonst müßte mindestens der Schwierigkeitsgrad für alle Menschenleben der gleiche sein.

Wenn wir konsequent sind, müssen wir deshalb aus der Astrologie zwingend auf einen schon vor der Geburt geplanten Lebensweg und mit einiger Wahrscheinlichkeit auf eine Vorexistenz der Seele schließen. Was würden die Millionen von Menschen sagen, die sich mindestens einmal im Leben ein Horoskop errechnen lassen, wenn man ihnen deutlich machte, daß sie eigentlich einen Fortsetzungsbericht lesen? Denn so wäre es: Unser Geburtshoroskop wäre ein neuer Abschnitt in einem Buch mit schon gefüllten Seiten.

Dies ist die logische Grundlage für die Annahme der Reinkarnation.* Wenn nach der Schicksalsformel geforscht werden soll, muß dieses Thema sehr ernsthaft erörtert werden. Es soll hier ganz ohne Vorurteil, aber auch frei von jeglicher Bindung an östliche Lehren oder esotorische Schulen untersucht werden, die die Reinkarnation als ein Dogma verkünden, an das man zu glauben hat.

Eine völlig undogmatische Diskussion über die Frage der Wiedergeburt war bisher freilich kaum möglich, da es nicht genügend empirisches Material darüber gab. So blieb dieses für das Begreifen der Lebensrätsel so überaus wichtige Thema bis noch vor ganz kurzer Zeit als »okkult« jenseits der wissenschaftlichen Tabugrenze.

Beweise dafür, daß eine Seele in einem anderen Körper wiedergeboren werden kann, sind vom wissenschaftlichen Standpunkt zwar noch immer nicht »exakt« zu erbringen, aber die Zahl und die Deutlichkeit der Indizien hat in den letzten Jahren

* Wieder-Einkörperung der Seele eines Menschen in einen neuen Menschen.

dramatisch zugenommen. Damit hat sich auch das Klima der Diskussion gewandelt; für den Wissenschaftler besteht heute kein Grund mehr, der Frage der Wiederverkörperung aus dem Wege zu gehen.

Die Reinkarnationsforschung hat zwei verschiedene Wege eingeschlagen, die einander ergänzen. Die eine, ältere Methode, deren bekanntester Vertreter der Amerikaner Prof. Dr. med. Ian Stevenson ist, untersucht berichtete Fälle an Ort und Stelle durch gründliche Befragung derjenigen (häufig Kinder), die sich an genaue Details eines vermutlichen früheren Lebens erinnern, und ihrer Eltern und Verwandten nicht nur des jetzigen, sondern auch des vermuteten früheren Lebens. Die zweite, jüngere Methode gründet sich auf die Regression* von Versuchspersonen in der Hypnose.

Dr. Stevensons Erstwerk »Reinkarnation – der Mensch im Wandel von Tod und Wiedergeburt« (Aurum-Verlag, Freiburg 1976) ist inzwischen bereits zu einer Art Klassiker geworden. Auch viele Geistliche, die der Reinkarnationsfrage wegen der augenscheinlich fehlenden biblischen Autorität nicht nähertreten mochten, zeigen nach dem Studium der von Stevenson mit äußerster Gründlichkeit recherchierten Fälle jetzt Interesse am Fortgang der Forschungen.

Aus einigen Dutzend Fällen, mit denen Stevenson seine Arbeit begann, sind inzwischen über 1600 geworden. Die Arbeitsweise des Forschers und das von ihm gesicherte Material beeindruckte die führende psychiatrische Zeitschrift »*Journal of Nervous and Mental Disease*« so sehr, daß sie im Herbst 1977 einen langen Artikel aus Stevensons Feder veröffentlichte – ein offiziöses Gütesiegel, das die Reinkarnation endgültig in den Rang der Arbeitsgebiete erhoben hat, die wissenschaftliche Aufmerksamkeit verdienen.

Stevenson hat in mehreren hundert Fällen durch Befragung von Personen und Studium von Dokumenten feststellen können, daß die Aussagen der »Reinkarnierten« mit 90 Prozent

* Rückführung.

Genauigkeit zutrafen. Häufig zeigten Kinder im Alter von zwei bis fünf Jahren Kenntnisse und Fähigkeiten, die sie in ihrem jetzigen Leben unmöglich erlernt haben konnten.

Ein kleiner Junge schien mit genauen Kenntnissen von Schiffsmaschinen geboren worden zu sein. Dreijährige Mädchen beherrschen fremde Lieder und Tänze. Oft erzählen die Kinder ihren Eltern ganz spontan, woran sie sich aus einem früheren Leben erinnern. In einigen Fällen lehnen sie ihre Eltern sogar ab, weil sie nicht die »richtigen« seien.

Es ist für Kind und Eltern wahrscheinlich vorteilhaft und notwendig, daß diese starken Erinnerungen durchweg mit dem 6. Lebensjahr abklingen und das Kind sich dann völlig normal entwickelt.

Es erwies sich als große Hilfe für Stevenson und seine Mitarbeiter, daß die Kinder ihre »neuen« Eltern meist bitten, an den Ort geführt zu werden, an dem sie gelebt zu haben glauben, und daß die Eltern in der Hoffnung, den Grund für das Gebaren des Kindes zu erfahren, diesem Wunsch meist auch entsprechen. Wenn es die fremden Familien nennt und Ortsangaben macht, ist die Suche in 9 von 10 Fällen erfolgreich.

Ein weiteres starkes Indiz ist das Vorhandensein von Geburtsmalen an den Körpern von Personen, die sich daran zu erinnern glauben, daß ihr letztes Leben mit einem gewaltsamen Tode endete. Dr. Resat Bayer (Istanbul), der bis zu seinem Tode 1977 über viele Jahre mit Stevenson zusammenarbeitete, war bei der Suche nach solchen Geburtsmalen besonders erfolgreich.

In rund 140 von 200 im Laufe von 15 Jahren untersuchten Fällen, von denen er als Präsident der Türkischen Parapsychologischen Gesellschaft Kenntnis erhalten hatte und denen er persönlich nachging, stellte Dr. Bayer auffallende Geburtsmale an den angeblich Wiederverkörperten fest. Diese reichten von ungewöhnlichen Leberflecken, gut unterscheidbaren Pigmentanhäufungen bis zu voll dreidimensional ausgebildeten Narben. Bayer ließ sich in solchen Fällen natürlich von den Eltern bestätigen, daß die betreffende »Narbe« schon bei der Geburt vorhanden war.

Ein türkischer Junge, der viele nachprüfbare Einzelheiten über ein früheres Leben berichtete – darunter auch, daß dieses Leben durch eine Schußverwundung im Kopf endete –, hatte eine solche Geburtsnarbe unter dem Kinn. Viel später stellte sich heraus, daß er auch an einer von dichtem Haar bedeckten Stelle des Hinterkopfes ein rundes »Muttermal« hatte, das selbst seinen Eltern entgangen war.

Dr. Bayer gelang es, in den Autopsiebericht des Mannes Einblick zu erhalten, dessen Namen der Junge als seinen eigenen in einem früheren Leben angegeben hatte. Die Zeichnungen des Gerichtsmediziners über den Verlauf des Schußkanals zeigte, daß die Ein- und Ausschußstellen am Schädel des Getöteten hundertprozentig genau den beiden Geburtsmalen am Kopf des Jungen entsprachen.[1]

Stevenson und seine Mitarbeiter haben anhand von Krankenhausakten oder Autopsieberichten in mindestens 17 Fällen eine ähnliche, genaue Übereinstimmung zwischen Wunde und Geburtsmal dokumentarisch bestätigt gefunden. Bemerkenswerterweise handelt es sich in allen Fällen um Todeswunden. Dies wird durchaus verständlich, wenn man annehmen will, daß die tödliche Wunde im Seelenkörper des Menschen ein tiefes Trauma hinterläßt, das auch bei der Wiederverkörperung noch nicht gelöscht ist.

Geburtsmal-Übereinstimmungen werden von den Reinkarnationsforschern immer nur als eines von mehreren notwendigen Indizien gewertet. Erst wenn die betreffende Person auch andere Beweise gibt – etwa Lebensgefährten aus dem »Vorleben« genau beschreibt oder erkennt und intime Ortskenntnisse verrät, wird aus der Gesamtheit des Fallmaterials schließlich auf die Wahrscheinlichkeit einer Reinkarnation geschlossen. Die Untersuchungen können sich oft über Jahre erstrecken.

Die meisten der von Dr. Bayer untersuchten Kinder mit starken Erinnerungen an ein Vorleben litten unter einer bestimmten Angst – vor Wasser, vor Messerklingen usw. – ein Indiz dafür, daß der gewaltsame Tod auch ein psychisches Trauma hinterlassen hatte.

Es ist auffallend, wie häufig das erinnerte Leben mit einem gewaltsamen Tode endete. Bei den im Libanon und in Syrien untersuchten Fällen waren 78 Prozent der Befragten erschossen oder auf andere Weise umgebracht worden. Aber auch in anderen Erdteilen ist der Prozentsatz hoch.

Man kann daraus die Vermutung ableiten, daß eines gewaltsamen Todes Gestorbene sich manchmal sehr schnell wiederverkörpern oder daß die Erinnerung bei so kurzen Spannen besonders stark ist – oder beides! Dr. Bayers Forschungen scheinen dies zu bestätigen: Die Spanne zwischen Tod und Wiedergeburt in diesen Fällen war oft nur wenige Monate. Die längste Zwischenzeit betrug ungefähr vier Jahre. Geschlechtswechsel ist selten.

Es wäre sicher ganz falsch, aus diesen Sonderfällen Schlüsse über den Vorgang des Reinkarniertwerdens im allgemeinen zu ziehen. Es scheint hier so etwas wie eine Übertragung des Ätherkörpers oder Bioplasmakörpers auf das neue Lebewesen vorzuliegen; dieser »prägt« auch die Narben in den neuen Körper ein. Normalerweise löst sich der Bioplasmakörper nach dem Tode auf.

Kulturelle Faktoren sind dafür verantwortlich, daß Reinkarnationsfälle viel häufiger aus Ländern berichtet werden, in denen das Volk an die Wiederverkörperung glaubt, vor allem natürlich aus Indien. Das besagt nicht, daß die von dort berichteten Fälle einem Wunschdenken entsprechen; auch werden sie genauso gründlich geprüft und gesiebt wie alle anderen. Eltern, die an die Reinkarnation glauben, werden aber viel ernsthafter zuhören, wenn ihr Kind von einem vermeintlichen früheren Leben erzählt. Sie werden es ermutigen, statt ihm, wie im Westen, keine Beachtung zu schenken oder gar den Mund zu verbieten.

Die Forschung stünde in westlichen Ländern deshalb vor fast unüberwindbaren Schwierigkeiten, wenn es nicht die Methode der hypnotischen Rückführung gäbe. Der Hypnotiseur führt den Patienten in der Regression zunächst bis zur Geburt und –

wie es in der Hypnotherapie gelegentlich auch schon geschieht – zur vorgeburtlichen Existenz im Mutterleib zurück. Das weitere Zurückgehen in der Zeit ist gleichbedeutend mit dem Eintritt in eine völlig neue Dimension. Es sollte nur von erfahrenen und besonders verantwortungsbewußten Forschern und Therapeuten vorgenommen werden.

Der Präsident der britischen hypnotherapeutischen Gesellschaft, Arnall Bloxham aus Cardiff, gehört zu den ersten, die dieses vollkommene Neuland betraten. Er nahm im Laufe seiner Praxis zwischen 1926 und 1976 400 solcher Rückführungen vor, um den Ursachen psychischer Probleme nachzuspüren. Seine Patienten kamen nicht zu ihm, um irgend etwas über ein früheres Leben zu erfahren: Sie wußten gar nichts von diesen Regressionen. Das ist wichtig, um den Verdacht auszuschließen, es handele sich um geltungsbedürftige Personen, die bewußt oder unbewußt eine »Rolle« schauspielerten, in der sie sich gefielen.[2]

Tatsächlich sind bei Stevenson, Bayer und Bloxham nur ganz wenige Fälle von »Hochstapelei« aufgetreten, und diese wurden im Interview sehr schnell entlarvt.

Bei den Regressionsfällen handelt es sich oft um Leben, die in früheren Jahrhunderten gelebt wurden. Die meisten von Bloxhams Patienten berichteten Szenen aus dem engen Gesichtskreis eines Kleinstadt- oder Landbewohners vergangener Zeiten: plausibel genug, aber nicht zur Beweisführung geeignet.

Dann und wann aber kamen Schilderungen von Personen, die in geschichtlich bedeutenden Jahren gelebt hatten. Sie selbst waren nicht bedeutend genug gewesen, um von den Chroniken namentlich aufgezeichnet worden zu sein – das hätte sie auch nur in den Verdacht gebracht, sich alles »angelesen« zu haben. Jedoch hatten sie genug miterlebt, um Aussagen zu machen, die mit alten Chroniken verglichen werden konnten. Dabei stellte sich heraus, daß sie Dinge wußten, die völlig dem Stimmungsbild der betreffenden Epoche entsprachen, aber Einzelheiten enthielten, die unbekannt waren.

Das Entscheidende an den Regressionsfällen ist jedoch, daß die Hypnotisierten sich nicht einfach an ein früheres Leben erinnerten, sondern es in der Hypnose neu *erlebten.* Bloxham wurde Zeuge, wie sich seine Patienten in eine andere Persönlichkeit verwandelten, wobei er außer der Bitte, sich um eine bestimmte Zeitspanne zurückzuversetzen, keinerlei Suggestion aussprach. Typisch war auch, daß die Rückgeführten immer nur die Situation schildern konnten, die sie »gerade erlebten«, und keine Ahnung hatten, wie alles ausgehen würde (was der Fall wäre, wenn bloße Erinnerung oder Phantasie vorläge).

Sie sehen das Erlebte wie einen dreidimensionalen Film und fühlen alle Gemütserregungen erneut. Der Hypnotiseur muß den Film durch behutsames Lenken bis zu Ende führen, wobei er unwichtige Lebensabschnitte gewissermaßen durch »Zeitraffung« überspringt.

Die genaue Kontrolle der Stimme macht das Tonband zu einem unverzichtbaren Hilfsmittel der Regressions-Reinkarnationsforschung. Bei Bloxham gab es nur eine einzige suspekte Identifizierung mit einer berühmten Person: eine Dame gab an, sie sei Königin Elisabeth I. gewesen. Es fiel aber sofort auf, daß ihre Stimme und Persönlichkeit sich in der Hypnose nicht änderten. Als sie schließlich auch noch erklärte, sie habe Sir Walter Raleigh enthaupten lassen, war die Täuschung offenkundig. Raleigh war von Elisabeths Nachfolger, James I., aufs Schafott geschickt worden! Die Dame hatte historische Romane gelesen und sich unbewußt mit der Figur Elisabeths identifiziert.

Aber es wäre nicht einmal nötig gewesen, sie mit dem Raleigh-Lapsus zu überführen. Denn sie *erzählte* nur und erlebte nicht. Dagegen tritt bei den echten Fällen stets ein Persönlichkeitswandel ein; aus dem Hypnotisierten spricht, ohne daß dies ihm suggeriert wird, plötzlich ein anderer Mensch.

Auf Bloxhams Patientencouch liegt Mr. Graham Huxtable, ein kultivierter, unaufdringlicher Herr. Bloxham versetzt ihn in die Hypnose, bittet ihn, in der Zeit zurückzugehen. Plötzlich verändert sich die Stimme des Patienten: sie wird viel tiefer und nimmt einen völlig anderen Akzent an. In rauher, grober Sprache, durchsetzt mit Flüchen, schildert hier ein Mann, der nicht mehr Huxtable ist, sein Leben als Maat auf dem Kanonendeck einer britischen Fregatte zur Zeit der napoleonischen Kriege.

Der Hypnotisierte brauchte Ausdrücke, die er nirgendwo gehört haben kann. Sie gehören zum damaligen Marineslang und wurden schon seit Generationen nicht mehr verwendet. Erst Rückfragen im Marinemuseum von Greenwich ergeben später ihre Richtigkeit. Und auch die Namen des von »Maat« Huxtable genannten Schiffs und des Kapitäns finden sich dort in alten Papieren.

Bloxham vermutet, daß die Probleme des Patienten von einem traumatischen Erlebnis in jenem Leben herrühren könnten, und steuert den Hypnotisierten auf einen Krisenpunkt zu: ein Seegefecht. Was er nun hört, bestätigt seinen Verdacht. Dem Unteroffizier wird ein Bein abgeschossen.

Huxtable erlebte das so realistisch und stöhnte so erbarmungswürdig, daß Bloxham ihn vorzeitig aus der Hypnose zurückholte und ihm versichern mußte, daß sein »heutiges« Bein noch heil war.

Beide waren durch das Erlebnis erschüttert. Es zeigt, daß Rückführungen auch Unangenehmes und Quälendes mit sich bringen können. Unerfahrene sollten sich nicht an ihnen versuchen. Niemand weiß am Anfang einer Regression, in welche Art von Leben er hinabsteigt.

Über Bloxhams Arbeit wurde 1976 ein Buch veröffentlicht und ein Film gedreht. Dieser zeigt unter anderem die Verwandlung einer Patientin, die sich in sechs verschiedene Leben zurückversetzen konnte. Im zeitlich ältesten war sie die Ehefrau eines römischen Hauslehrers zur Zeit der Römerherrschaft in Großbritannien im 3. Jahrhundert, im nächstfolgenden die Frau eines jüdischen Kaufmannes im nordenglischen York um 1190. Beide Schilderungen passen haargenau in das damalige Geschichtsbild, beide Trancepersönlichkeiten erlebten in der Hypnose die Agonie einer mit dem Tode endenden Verfolgung (im ersteren Falle der Christen, im letzteren der Yorker Juden) in solcher Intensität und Lebensechtheit, daß sie nicht »geschauspielert« sein konnten. Die Patientin war eine Waliser Hausfrau.

Reinkarnationsphänomene werden oft mit der Begründung angezweifelt, daß der Betreffende sich auf das Gedächtnis eines Verstorbenen »einstimme«. Oder man geht gleich noch einen Schritt weiter und nimmt an, daß der Verstorbene als Geistpersönlichkeit den anderen umschwebt und inspiriert. So etwas ist in bestimmten Sonderfällen zwar nicht immer auszuschließen, aber es steht überhaupt nicht im Einklang mit der totalen Identifizierung im Nacherleben des früheren Lebens. Es ist in jedem Falle wissenschaftlich unkorrekt, eine ungewohnte und deshalb zunächst unwahrscheinliche Erscheinung durch Hypothesen »erklären« zu wollen, die mit dem Verhalten des Rückgeführten viel weniger gut in Einklang stehen. Erst recht gilt das natürlich für die von Schulpsychologen bevorzugte Erklärung, es handele sich um »unbewußte Erinnerungen« (Kryptomnesie).

So bliebe als letzte Ausflucht nur noch, eine spontan auftretende dissoziierte Zweit- oder Drittpersönlichkeit zu vermuten. Aber hier passen die Indizien erst recht nicht zueinander. Die Zweitpersönlichkeit lebt in der Gegenwart und benötigt keine Regression, die »Reinkarnationspersönlichkeit« lebt in der Vergangenheit. Das ist hundertfach bewiesen.

Die bloße Schilderung persönlicher, vielleicht ganz trivialer Erlebnisse aus vermuteten früheren Leben ist natürlich eine sehr beschwerliche und langsame Methode für den Wissenschaftler, der an den übergeordneten Zusammenhängen des Reinkarnationskomplexes interessiert ist.

Die amerikanische Psychologin Dr. Helen Wambach (Walnut Creek, California) kam deshalb auf den Gedanken, unter hypnotisch Rückgeführten eine Art Meinungsumfrage zu veranstalten. Sie begann damit, nachdem sie bereits über 1000 Patienten hypnotisch rückgeführt hatte. Ihre ersten nachhypnotischen Interviews mit 230 Personen waren so erfolgreich, daß sie inzwischen weitere 400 Befragungen vorgenommen hat.[3]

Dr. Wambachs Methode besteht darin, daß die Versuchspersonen jeweils vier separate Regressionen mitmachen: die erste nur bis zum Zeitpunkt der Geburt, die drei anderen in vorangehende Perioden und in tieferen Stadien der Entspannung. Sobald die Versuchspersonen das Bewußtseinsstadium der Seele des Kindes im Mutterleib oder vor der Empfängnis erreicht haben, werden sie aufgefordert, auf bestimmte Dinge zu achten und sich nach dem Erwachen genau an sie zu erinnern. Unter dem Einfluß der nachhypnotischen Suggestion füllen sie dann den ihnen von Dr. Wambach vorgelegten Fragebogen aus, ohne zu zögern.

Nur knapp ein Sechstel der so Befragten empfindet, daß sie in ihren Körper erst bei der Geburt eintreten und vorher keine Beziehung zu ihm hatten. Die große Mehrzahl war schon vorher mit dem Körper verbunden, oft allerdings so, daß sie das Wachsen des Fötus im Mutterleib von außen, »vom Kraftfeld der Mutter aus« beobachten konnten und nur von Zeit zu Zeit in den Körper des Ungeborenen eintauchten.

Dies deckt sich mit der Auffassung der Kardecschen spiritualistischen Lehre, wonach die Seele sich bei der Empfängnis zwar am Keim des neuen Lebens »verankert«, aber bis zur Geburt vorwiegend außerhalb in anderen Dimensionen verweilt.

Das Dasein im Zwischenreich vor der Geburt wurde von fast allen Befragten als sehr angenehm empfunden. Man hatte es »nicht eilig«, geboren zu werden, dachte oft sogar widerstrebend daran, aber mit dem Bewußtsein, daß es eben getan werden *müsse.* Auf die Frage »Warum« antworteten 81 Prozent, sie müßten durch ein neues Leben neue Erfahrungen sammeln, die die Seele zur Fortentwicklung benötige.

Nur fünf Prozent gaben an, sie hätten bei der Auswahl ihrer Eltern und ihres Lebensweges keine Wahl gehabt. Die restlichen 95 Prozent konnten darüber vorher entscheiden.

74 Prozent waren ganz sicher, daß sie selbst entschieden hatten, geboren zu werden, viele allerdings aufgrund von Ratschlägen höherer Wesen oder von »Bruderseelen«, die irgend-

wie zu ihnen gehörten und mit ihnen im Zwischenreich lebten.

Recht typisch ist diese Aussage: »Das Geborenwerden ist, als wenn man einen Sprungturm betritt. Du weißt, daß du springen willst, um deine (seelische) Eignung zu verbessern, aber wenn du ganz vorn am Brett angekommen bist, möchtest du am liebsten umkehren... Aber dann, so scheint es, sind andere da, die dir Mut zusprechen und dich trainieren wollen, und schließlich fühlst du einfach einen Stoß und bist da im neuen Leben.«

Kapitel 12
Wir sind viel größer, als wir ahnen

Was bedeuten diese Erkundungen in einem bisher verdeckten, den meisten westlichen Menschen niemals bewußt werdenden Bereich der vorgeburtlichen Existenz unserer Seele? Da Vor- und Nachexistenz auf der gleichen Ebene liegen, sind sie ein starkes Indiz dafür, daß der Mensch den Tod überlebt. Wir können das zumindest als Arbeitshypothese akzeptieren.

Die öffentliche Meinung ist ratlos gegenüber diesen Tatsachen. Nach einer Meinungsumfrage glaubten im Januar 1976 nur 36 Prozent der deutschen Bevölkerung an ein Weiterleben nach dem Tode (in den USA dagegen 73 Prozent). Im Oktober 1977 waren es schon 54 Prozent. Diese erstaunliche Steigerung war nun freilich kein Verdienst der Kirchen; sie dürfte vielmehr auf den großen Eindruck zurückzuführen sein, den die von Raymond Moody, Elizabeth Kübler-Ross und anderen gesammelten und veröffentlichten Sterbeerlebnisse hinterlassen haben.

Die Ansicht »Mit dem Tode ist alles aus« ist, wie diese Entwicklung zeigt, sehr häufig nur eine Abwehrreaktion von Menschen, die sich mit einem von der Gesellschaft verfemten Thema nicht von einem Tag auf den anderen auseinanderzusetzen vermögen, aber in ihrem unbewußten Inneren doch anders denken.

Dr. Helen Wambach stellte bei der nachhypnotischen Befragung von Rückgeführten fest, daß nur drei Prozent überrascht darüber waren, daß sie schon einmal lebten, also den Tod überlebt hatten. Sie sieht dies als einen starken Beweis dafür, daß wir auf der Ebene des Unbewußten keine Zweifel darüber haben.

Wohlgemerkt, auf der Ebene des Unbewußten.

Ganz anders ist die Situation, wenn danach gefragt wird, was in den Zwischenphasen geschieht und *warum* Menschen sich überhaupt wiederverkörpern. Hier helfen hypnotische Exkursionen in die Vergangenheit nicht mehr. Eine Versuchsperson, die nennenswert über den Zeitpunkt der Empfängnis zurückgeführt wird – aber noch nicht so weit, daß sie auf ein früheres Leben »stößt« –, wird fast immer angeben, daß sie in einer Art Dämmerzustand schwebe und nichts empfinden könne.

Dies ist der Punkt, an dem die östlichen Religionen, die okkulten Weisheitslehren und die Gurus unserer geistwissenshungrigen Zeit uns mit Aufklärung, Lehre oder Dogma über die Reinkarnation versehen, ja oft geradezu überschütten. Es scheint dringend notwendig, von einem gewissen Abstand aus erst einmal ein unbefangenes Urteil über dieses überaus wichtige Thema zu gewinnen.

Dabei sei davon ausgegangen, daß man die Reinkarnation zumindest in einer recht großen Zahl von Fällen als wahrscheinlichste Hypothese akzeptieren kann, daß man aber nicht ungeprüft irgendein Dogma über einen sich angeblich Hunderte von Malen wiederholenden Vorgang übernimmt und schon gar nicht dem Glauben verfällt, daß es auch eine Seelenwanderung vom Menschen zum Tier oder umgekehrt gebe. Dies kann man mit Dr. Resat Bayer für eine degenerierte Abart des Hinduglaubens halten, die im Westen mangels ausreichender Kenntnisse oft fälschlich mit dem Reinkarnationsbegriff gleichgesetzt wurde.

Wenn man die Vielzahl der Überlieferungen prüft und siebt, bleiben zwei identifizierbare Kategorien zurück, die hier vorgestellt werden sollen. Die erste entspricht im wesentlichen der orthodoxen Hindulehre und den aus dem indischen Kulturkreis hervorgegangenen Lehren esoterischer Schulen:

Bald nach dem körperlichen Tode beginnt eine Innenschau*, in der die Bilanz des vergangenen Lebens gezogen und qualitativ »verarbeitet« wird. Es ist eine Wiederholung des schon im Augenblick der Todesgefahr oder unmittelbar nach dem Verlassen des Körpers erlebten schnell vorbeiziehenden »Films« wichtiger Lebensereignisse, nun aber gewissermaßen im Zeitlupentempo – sehr viel langsamer, sehr viel gründlicher.

Bei bestimmten Szenen hält der Film an. Es handelt sich um Situationen in unserem Leben, in denen wir unserem Gewissen folgten oder gegen es handelten, in denen wir gleichgültiger Unterlassung schuldig waren oder, auf der guten Seite, selbstlose Liebe zeigten, wobei die Betonung auf »selbstlos« liegt.

Alle Lebenssituationen von seelisch qualitativer Eigenart werden uns auf diese Weise plastisch und »dreidimensional« vor Augen geführt, und zwar so lange, bis wir die moralische Bedeutung unseres eigenen Verhaltens voll begriffen und reflektiv »verarbeitet«, d. h. bis wir, wenn darin eine Lektion für uns enthalten ist, diese begriffen haben.

Es sei betont, daß die Reinkarnationslehrer diesen Prozeß absolut wörtlich verstanden wissen wollen und nicht etwa nur als ein Gleichnis.

Das Bewußtsein verarbeitet diese Lektionen, wobei die Erdzeit überhaupt keine Rolle spielt. Der Reflexionsprozeß kann ganz schnell gehen oder kann Jahrhunderte dauern, wenn der Betreffende sich dem Begreifen verschließt. Es wird von ihm jedoch nur verlangt, was seiner geistigen Entwicklung angemessen ist.

Fälle, in denen gewaltsam ums Leben gekommene sich anscheinend sehr schnell wiederverkörpern, müssen wohl als Ausnahmen von der Regel gesehen werden. Hier überwiegt möglicherweise der starke Impuls, das abgekürzte Erdenleben weiterzuleben, um das Abschnittsziel, das sich die Seele für die unterbrochene Inkarnation gesetzt hatte, auf diese Weise zu erreichen.

* auch *Kama Loki* genannt.

Wenn die Erfahrungen des vergangenen Lebens verarbeitet sind, so heißt es in diesen Lehren weiter, kommen nach und nach auch die Erfahrungen aus früheren Leben wieder in das Bewußtsein. Der Seele wird dabei mehr und mehr offenbar, daß sich ein »roter Faden« der Kontinuität durch ihre Inkarnationen zieht, daß sie die in einem Leben unbewältigten Aufgaben im nächsten und wenn nötig im übernächsten und drittnächsten Leben wieder gestellt bekommt, bis sie endgültig bewältigt sind. Äußerlich können diese Aufgaben ganz verschieden sein, sie können einmal einem König, das andere Mal einem Bettler gestellt werden. Ausschlaggebend ist allein ihr erzieherischer Wert für die Seele.

Der Mentalkörper, die höhere Seele also, nimmt die gelösten und ungelösten Probleme aller seiner bisherigen Leben wie ein Computer auf und formt damit das Karma für die Zukunft. Es sind also völlig kausalgesetzliche Zusammenhänge, die *qualitativ* die Anforderungen festlegen, die der Seele bei ihrer nächsten Inkarnation gestellt werden sollen, um sie in ihrer Entwicklung weiterzubringen.

Während dies geschieht, hat die Seele Gelegenheit, in den jenseitigen astralen Bereichen den Dingen nachzugehen, die ihren Interessen und ihrem Begriffsvermögen entsprechen. Sie hat auch hier Möglichkeiten des Lernens und des geistigen Aufstiegs, die aber, da sie nicht gegen Widerstand erfolgen, nicht denen auf der Erde zu vergleichen sind. Die Zeiträume, in denen Seelen in diesen Zwischenreichen verweilen, hängen vom Stand ihrer Entwicklung ab. In der Regel werden sie von Mal zu Mal länger.

Das zur Lösung drängende Karma führt die Seele schließlich dazu, sich freiwillig von der äußerlich schwere- und sorglosen Existenz im astralen Bereich abzuwenden und die Zucht einer neuen Inkarnation zu suchen; es sei denn, sie ist schon gereift genug, um den Gang nicht noch einmal antreten zu müssen. Bei der Suche nach dem zur Bewältigung des Karma am besten geeigneten Leben helfen ihr höherstehende Geistwesen. Die Seele bekommt gesagt oder in Bildern gezeigt, was ihr bevorsteht. Die endgültige Entscheidung liegt bei ihr.

Bis zur Geburt lebt die Seele noch in beiden Welten. Dann wacht sie im Erdenleben auf, und ihr Wachbewußtsein hat die Summe ihrer bisherigen Leben vergessen. Die Ausnahmen davon bestätigen die Regel. Es muß so sein, da sie die Aufgaben ihres neuen Lebens – selbst wenn vieles darin vorbestimmt ist – in freier Entscheidung bewältigen muß. Außerdem würde eine volle Erinnerung das psychologische Verarbeitungsvermögen der meisten Menschen weit übersteigen.

Eine etwas extremere Form der Karmalehre besagt, daß sich Menschen in aufeinanderfolgenden Leben immer wieder begegnen – einmal als Mutter und Sohn, dann als Ehepaar, wieder ein anderes Mal als Geschwister usw., bis sie ihre Beziehung zu einer völlig selbstlosen Liebe gestaltet haben. Diese Konzeption würde allerdings die Gefahr mit sich bringen, daß zwei oder mehr Menschen immer mehr karmische Fäden zueinander knüpfen, und mit dem Versuch, sie aufzulösen, sehr leicht neues Karma schaffen können. Hinduismus und Buddhismus kennen bekanntlich nicht den Gnadenbegriff, wie ihn das Christentum kennt.

Ganz unerreichbar sind die Lektionen, die unser Mentalkörper gelernt hat, auch für das neu inkarnierte Ego nicht. Es muß jedoch lernen, die tiefen Schichten, in denen sie verborgen liegen, durch meditative Versenkung und Intuition ins Bewußtsein zu holen.

Grafisch läßt sich diese Kategorie der Reinkarnationslehre etwa folgendermaßen darstellen:

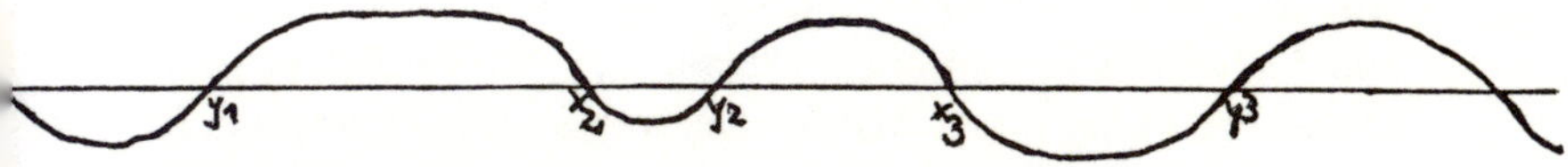

x ist jeweils der Eintritt in ein Leben (Geburt), y der Tod. Die Kurven oberhalb der Linie sind die im Jenseits verbrachten Zeiten, diejenigen unterhalb entsprechen den Erdenleben. Es ist denkbar, daß sich die oberen Kurven allgemein verkürzen, was das starke Ansteigen der Erdbevölkerung erklären könnte. Ebensogut denkbar ist jedoch, daß Seelen zur Inkarnation bereitstehen, die bisher nicht verkörpert waren.

Die zweite Kategorie ist, was die Erdenleben und den Karmabegriff betrifft, sehr ähnlich, aber in ihrem Hintergrund ganz anders. Sie läßt sich grafisch am besten als Baum darstellen, der Zweige treibt. Der Stamm ist die mit Gott verbundene unsterbliche Überseele, die Zweige sind die Inkarnationen.

In diesem Bild sind die Zweige, d. h. die Ego-Persönlichkeiten, selbständige, aber durch den Stamm der Überseele miteinander für ewig verbundene Wesenheiten. Auf einer tiefen Schicht nehmen alle Zweige an den Erfahrungen aller anderen Zweige teil. Nach dem Tode einer Individualpersönlichkeit geht diese durch den oben beschriebenen Läuterungs- und Reifungsprozeß, dessen Essenz wiederum dem Stamm und den anderen Zweigen vermittelt wird.

Nun aber kommt ein wesentlicher Unterschied zur erstgenannten Kategorie: Die »gestorbene« Zweigseele entwickelt sich in jenseitigen Bereichen weiter, vermag höher und höher zu steigen, *ohne* ihre Entwicklung durch eine neue Inkarnation unterbrechen zu müssen. Diese kommt zwar, ist aber dann ein ganz neuer Zweig, beseelt von einem göttlichen Funken aus der gleichen Überseele, die das Karma für die neue Manifestation eines Teiles von sich verarbeitet und die Entwurfzeichnung des neuen Lebens ausgewählt hat. Die Geburt erfolgt in Übereinstimmung mit kosmischen Energiegesetzen, die durch die Himmelsuhr der Gestirne angezeigt werden.

Diese Auffassung läßt Raum für eine weniger enge Auslegung des Karmabegriffs. Die Einzelseele wird nicht dazu verurteilt, die Vergeltung für die Sünden und Unterlassungen ihres letzten Lebens abzubüßen, sondern die Überseele beschließt, einen neuen Zweig sprießen zu lassen, dessen Erfahrungen der Gesamtheit aller Geschwisterseelen zur Verfügung stehen. Sie *können* in enger Beziehung zum zeitlich letzten Sproß stehen, brauchen es aber nicht. Die Überseele entscheidet nach übergeordneten geistigen Gesichtspunkten, welche Art von Erfahrungen ihr als nächstes zuwachsen sollen.

Es kann jedoch aus der letzten Inkarnation ein schweres Trauma zurückgeblieben sein, das sich in der nächsten mit Gewalt nochmals niederschlägt (als Angstneurose und ggf. auch in einem Geburtsmal). Das sind Ausnahmen, die eben dadurch auffallen, daß sie es sind.

Man könnte statt des Baumes auch an das Bild einer Orange denken, die aus Segmenten besteht, von denen jeweils eines einen physischen Körper hat. Aber das grenzt schon wieder unnötig ein. Denn es besteht kein Grund, warum die Zweig-Inkarnationen einander nicht auch einmal überschneiden sollten, so daß zwei Facetten der gleichen Überseele eine Strecke lang zur gleichen Zeit auf der Erde leben.

Das bekannte, sehr angesehene anglo-irische Medium Geraldine Cummins spricht in ihrem paranormal empfangenen Buch »*The Road to Immortality*«* von einer »Gruppenseele«.

»Die Gruppenseele ist Einheit und zugleich Vielheit... Als ich auf Erden war, gehörte ich zu einer Gruppenseele, aber ihre (anderen) Zweige und der Geist... waren im Unsichtbaren... Die Gruppenseele erklärt viele der Probleme, die sich nach Ansicht vieler Leute nur durch die Reinkarnationsdoktrin beantworten lassen... Daß wir auf Erden anscheinend für die Sünden eines früheren Lebens zahlen müssen, ist in einem gewissen Sinne wahr. Es war unser Leben und wiederum nicht unser Leben... Eine Seele aus meiner Gruppe lebte jenes Leben... Viele Einzelseelen streben nicht nach einem neuen Erdenleben, aber ihr Geist manifestiert sich viele Male auf Erden. Er ist das Band, das eine Gruppe von Seelen zusammenhält, die auf der aufwärtsstrebenden Bahn der geistigen Evolution agieren und aufeinander re-agieren.«[1]

Die Geist-Überseele kann zwanzig oder hundert Einzelseelen enthalten; es ist in jedem individuellen Fall anders. Und das Ganze ist größer als seine einzelnen Teile.

Mit anderen Worten, aber im gleichen Sinne, äußert sich der schon vorgestellte »Seth« des amerikanischen Mediums Jane

* Als dessen Inspirator wird der ehemalige Präsident der Londoner *Society for Psychical Research*, F. W. H. Myers, vermutet.

Roberts. »Wenn die Leute von Reinkarnation sprechen, dann denken sie an eine fortlaufende einzelne Linie, auf der sich die Seele in jedem der aufeinanderfolgenden Leben vervollkommnet. Das ist eine grobe Vereinfachung. Es gibt endlose Spielarten, individuelle Abweichungen... In der Reinkarnation spielt die Überseele verschiedene Rollen... Anstelle des oft gehörten ›Ein Leben ist nicht genug, um sich zu entwickeln‹, sollte man besser sagen, ›Eine Persönlichkeit ist nicht genug, um den Möglichkeiten des Überselbst Ausdruck zu geben‹.«[2]

»Seth« setzt das Bild der Gruppenseele zugleich in den Rahmen einer zeitlosen Vieldimensionalität. Von einer höheren Warte aus, die wir intellektuell nicht begreifen können, erfolgen die verschiedenen Inkarnationen *gleichzeitg*. Aber psychologisch unterliegt der Prozeß der Zeit. Aus diesem Grunde seien Zwischenphasen von mehr als 300 Jahren selten, da die Seele sonst zu starke Anstrengungen zur Wiederanpassung machen müßte.

Nach dieser zweiten Kategorie gibt es eine Reinkarnation im engen Sinne des Hindubegriffs also nur im Ausnahmefall, etwa nach gewaltsamen Tod oder bei Seelen, die zu sehr an der Erde oder an einer Aufgabe hängen und sich inkarnieren, »ohne den Rat anderer abzuwarten« (Seth). Im Regelfall inkarniert sich eine *neue* Persönlichkeit.

Ebensowenig wirkt Karma in der Form automatischer Belohnung oder Bestrafung. Wir sind nicht auf der Erde, um das Resultat unserer vergangenen Bosheiten abzusitzen, wohl aber, um notfalls durch Härte zu lernen. Dies deckt sich auch mit Plato, der in »Die Republik« den Glauben beschreibt, daß Seelen sich die Umstände ihres nächsten Lebens in freier Wahl selbst aussuchen und wenn sie klug sind, solche Schicksale wählen, die ihnen die beste Weiterentwicklung sichern.

Eine hochentwickelte Seele, die der irdischen Schulzeit nicht mehr bedarf, kann sich aus freiem Willen noch einmal inkarnieren, um der Menschheit zu helfen. Darin stimmen beide Lehren überein.

Es soll dem Leser überlassen bleiben, selbst zu entscheiden, welcher Kategorie er den Vorzug gibt. Die zweite Auffassung scheint sich mehr mit dem Inhalt des herrschenden Zeitgeistes vereinbaren zu lassen.

Bei dem, was wir gemeinhin unter Reinkarnation verstehen, handelt es sich sehr wahrscheinlich um eine Halbwahrheit oder positiver ausgedrückt: nur um einen Teil der Wahrheit.

Kapitel 13
Justinians Bannfluch und was dahintersteckt

Die christlichen Kirchen wissen so gut wie nichts über die Reinkarnation zu sagen. Man muß es ihnen nachsehen, denn die biblische Autorität, auf die sie sich stützen, ist in diesem Punkt kümmerlich schwach. So sehr, daß man nach Gründen dafür sucht, denn die Frage der Wiederverkörperung ist religiös von solcher Bedeutung, daß sie etwas mehr Platz in der Bibel hätte finden sollen – auch dann, wenn man ihr nur hätte widersprechen wollen.

Über die wenigen Hinweise darauf führen Anhänger und Gegner des Reinkarnationsglaubens seit eh und je einen erbitterten Streit. Jesu Wort zu Nikodemus etwa, »Ihr müsset von neuem geboren werden«, argumentieren die Gegner, lasse sich ebensogut als Hinweis auf eine rein geistige Wiedergeburt verstehen.

Natürlich mag der Nazarener seine eigenen Gründe gehabt haben, warum er nicht ausführlicher über den Wiederverkörperungsglauben sprach. Er mochte der Ansicht sein, daß die Wahrheit für das begrenzte Aufnahmevermögen der Menschen zu kompliziert war und daß es wichtiger war, ihnen den Kern seiner Lehre und deren Liebesgebote zu vermitteln. Er hat jedoch seinen Jüngern den Glauben an die Reinkarnation nicht verwehrt.

Vielleicht fürchtete er auch, daß Äußerungen darüber verzerrt und dogmatisiert werden würden. So etwas wäre unter Umständen gefährlich. Gegner des Reinkarnationsglaubens wenden oft ein, daß eine geistig unreife Seele in dem Glauben oder Wunsch, sich wiederzuverkörpern, einen Menschen auf der Erde besessen machen könnte. Diese Gefahr könnte tatsächlich bestehen, wenn ein völliger Mangel an Aufklärung über das nachtodliche Leben einherginge mit einer dogmatischen Reinkarnationslehre.

Im Westen fehlt es zwar kirchlicherseits an der Aufklärung, doch besteht ganz gewiß auch keine Gefahr einer dogmatisch-kirchlichen Reinkarnationslehre! Das Thema eignet sich ohnehin nicht zur Dogmatik, um so mehr aber zu Studium und Diskussion.

Es kann heute kein Zweifel mehr daran bestehen, daß die frühen Christen der Vorexistenz der Seele mehr Aufmerksamkeit widmeten, als dies später und heute der Fall war und ist. Die Trennungslinie war das Konzil von 553.

Die zentrale Figur, die diesen Einschnitt verursachte, war kein Kirchenfürst, sondern ein ehrgeiziger weltlicher Machthaber, Kaiser Justinian. Im Jahre 543 sagte er ohne Rücksichtnahme auf den damaligen Papst den Lehren des Origenes (185–253) die Fehde an und ließ sie durch eine Synode verdammen. Origenes aber hatte die Vorexistenz der Seele ganz unmißverständlich bejaht.*

Der Name des Kirchenvaters Origenes (der nach Ansicht vieler Gelehrter an Bedeutung höchstens noch von Augustinus übertroffen wird) war jedoch in der Christenheit überaus ge-

* »Jede Seele... kommt in diese Welt gestärkt durch die Siege oder geschwächt durch die Niederlagen ihres vorangegangenen Lebens. Ihr Platz in dieser Welt... ist bestimmt durch ihre früheren Verdienste oder Versäumnisse.«
Aus *De Principiis*

»Ist es nicht mehr in Übereinstimmung mit der Vernunft, daß jede Seele aus geheimnisvollen Gründen – ich spreche jetzt in Übereinstimmung mit der Meinung des Pythagoras und Plato und Empedokles – in einen Körper hineingeführt wird, und zwar gemäß ihren früheren Taten?... Die Seele bedient sich zu einer Zeit eines Körpers... der aber in ihrem veränderten Zustand nicht mehr adäquat ist; sie tauscht ihn dann gegen einen zweiten ein.«
Aus *Contra Celsum*

achtet, und so war der Erfolg der Synode für den Eiferer auf dem byzantinischen Thron unbefriedigend. Deshalb veröffentlichte der Kaiser 553, also zehn Jahre später, seine Anathemata, die mit anderen Lehren des Origenes auch die von der Vorexistenz der Seele mit Fluch und Bann belegten. Unmittelbar danach fand im gleichen Jahr in Konstantinopel das Fünfte Ökumenische Konzil statt.

An diesem Konzil nahm seltsamerweise kein römischer Bischof teil. Wenn man von sechs afrikanischen Würdenträgern absieht, waren nur östliche Bischöfe vertreten. Ganz besonders augenfällig, um nicht zu sagen verdächtig, ist die Tatsache, daß Papst Vigilius sich zur Zeit des Konzils in Konstantinopel aufhielt, jedoch nicht daran teilnahm. Konzilspräsident war Patriarch Eutychius von Konstantinopel, der völlig unter dem Einfluß von Justinian stand.

Das Fernbleiben des Papstes von einem Konzil trotz seiner Anwesenheit in der Stadt ist ein fast unglaubliches Ereignis. Man weiß nun aber, daß es zwischen ihm, dem Kaiser und Kaiserin Theodora schon früher Zerwürfnisse gegeben hatte. Justinian verweigerte dem Papst dessen Wunsch nach gleich starker Vertretung der Bischöfe aus Ost und West und berief das Konzil auf eigene Faust. Das Fernbleiben des Papstes war ein Protest dagegen. Es war zugleich ein Signal, das besagen sollte: Dies ist nicht mein, sondern Justinians Konzil!

Das Herrscherhaus hatte damit aber doch nicht völlig freie Bahn für seinen Gesinnungsterror. Die offiziellen Protokolle der acht Konzilsitzungen, die sich über vier Wochen erstreckten, mußten auf jeden Fall dem Papst zur Genehmigung vorgelegt werden. Das geschah auch; jedoch befaßten sich diese Papiere nur mit der Kontroverse um die sogenannten »Drei Kapitel«, d. h. die Schriften von drei von Justinian als Ketzer bezeichneten Gelehrten, gegen die der Kaiser schon vier Jahre zuvor ein Edikt erlassen hatte. Von Origen war in ihnen keine Rede.

Die einschlägige Forschung bestätigt den Verdacht gegen Justinian. Außer Vigilius behandeln auch die Päpste Pelagius I.

(556–561), Pelagius II. (579–590) und Gregorius (590–604) das Fünfte Konzil, ohne Origen auch nur zu erwähnen.

Dennoch nahm man bisher stillschweigend an, die Verdammungsworte, »Wer eine fabulöse Präexistenz der Seele und eine monströse Restauration ihrer selbst lehrt, der sei verflucht«, seien ein offizieller Bannspruch des Konzils.

Wie konnte das geschehen? Mit Sicherheit weiß das heute niemand mehr, aber sehr vieles deutet auf eine List des Kaisers.

Justinian hatte auf das Konzil gedrängt und wartete ungeduldig auf seinen Beginn, der sich jedoch durch den Widerstand des Papstes verzögerte. Erst am 5. Mai 553 trat das Konzil zu seiner ersten öffentlichen Sitzung zusammen.

Aber schon *vorher* hatte der Kaiser die angereisten Bischöfe zu einer Versammlung befehlen lassen. Dieser, so scheint es, legte er die 15 Anathemata gegen den Origenismus vor, und erhielt ihre Zustimmung.

Das war nicht verwunderlich, wenn man bedenkt, daß 160 der zum Konzil gekommenen Prälaten dem Einfluß des Kaisers unterlagen. Die sechs afrikanischen Bischöfe bildeten eine winzige Minderheit und waren gegen Justinians Dampfwalzmethode wehrlos.

Auch Vigilius konnte nur passiv Widerstand leisten. Es kann als sicher gelten, daß der Papst, wenn er schon das Konzil zu boykottieren bereit war, zu dieser Versammlung erst recht nicht erschien und daß Justinian dies auch genau einkalkuliert hatte. Die außerkonziliarische Versammlung war für den schlauen Monarchen das ideale Instrument, den unbequemen Papst auszumanövrieren und den Bannfluch gegen die Lehren des Origenes durchzubringen.

Als offizieller Konzilsbeschluß hätte der Bannfluch nur wirksam werden können, wenn der Papst ihn anschließend durch seine Unterschrift ratifizierte. Es paßte vortrefflich in Justinians Plan, daß die Bischofsversammlung nicht offiziell Teil des Konzils war und ihre Beschlüsse folglich auch nicht päpstlicher Zustimmung bedurften. Später würde es sich sicher so arrangieren lassen, daß die Anathemata gegen Origen von den Gläubigen mit dem Konzil identifiziert und für rechtlich verbindlich gehalten werden würden.

Kirchengeschichtler finden es bezeichnend, daß weder die Einberufung zum Konzil noch die im Zusammenhang damit verfaßten Briefe des Origenes auch nur erwähnen. Diese Auslassung wäre völlig undenkbar, wenn seine Lehren im eigentlichen Konzil behandelt und verurteilt worden wären.

Justinians Kalkulation ging besser auf, als der Kaiser es sich jemals hätte erträumen können. Die Meinung, der Bannfluch sei ein Teil der Konzilsbeschlüsse, setzte sich im Denken der Kirche fest. Und was einmal eineinhalb Jahrtausende festsitzt, ist nicht so schnell wieder zu korrigieren. Die Reinkarnationsfrage existierte bisher praktisch nicht für die christliche Lehre, im totalen Gegensatz zu anderen Religionen.

Leider geben die Geschichtsquellen keinen Aufschluß darüber, ob die Verfolgung der Lehre Origenes' von Justinian selbst oder von seiner keineswegs unbedeutenden Gattin und Mitregentin Theodora ausging. Diese starb zwar 547, war aber während der genannten Synode von 543 auf dem Höhepunkt ihrer Macht und übte großen Einfluß auf den Kaiser aus.

Justinian gilt nicht als eine große geschichtliche Persönlichkeit. Er war bieneneifrig bei der Neuordnung des römischen Gesetzeswesens und bei der Verfolgung von Heiden und Ketzern. Autoritär und von ungeduldigem Temperament, bombardierte er seine Beamten und Statthalter mit endlosen Edikten, auf deren peinlicher Einhaltung er bestand. Vieles tat er ohne reifliche Überlegung aus einem fast pathologischen Tätigkeitstrieb heraus. Gleichzeitig aber war er eitel und leicht zu beeinflussen von jenen in seiner nächsten Umgebung, die ihn zu nehmen wußten.

Das aber war in allererster Linie Theodora. Die Kaiserin war, Procopius zufolge, die Tochter eines Bärenwärters im Amphitheater von Byzanz. Ihren Weg zur Macht begann sie als Kurtisane, was sie freilich nicht daran hinderte, später als sittenstrenge Kaiserin 500 ihrer ehemaligen Berufsgenossinnen einsperren zu lassen. Justinian ließ sich von ihr so umgarnen, daß er sie 523 gegen den Widerstand seiner Verwandten heiratete. Vier Jahre später saß sie neben ihm auf dem Thron.

Nicht alle Geschichtsquellen über Theodora sind zuverlässig, aber das Gesamtbild ihrer Persönlichkeit wird doch sehr klar. Sie war eine ausgesprochen schöne Frau mit strahlend-großen faszinierenden Augen, von unzweifelhafter Intelligenz und Raffinesse. Wer sich von ihrem zierlichen Äußeren täuschen ließ, lernte freilich schnell ihren eisernen, ja tyrannischen Willen kennen. Ihr Einfluß auf Justinian war fast unbegrenzt, und natürlich hatte sie als Mitregentin eigene Rechte. Beamte mußten ihr den Treueid schwören.

Über ganz Byzanz waren die Spione dieser Frau verteilt. Sie hatten besonders alles zu berichten, was man über sie sagte. Sich selbst umgab sie mit größtem Pomp. Von Untergebenen forderte sie eine im wahrsten Sinne des Wortes byzantinische Unterwürfigkeit. Widerspruch wurde nicht geduldet.

Justinian mag ein pedantischer Eiferer ohne staatsmännisches Format gewesen sein; Theodora dagegen tat nichts ohne politisches Kalkül. Sie unternahm nichts, was den *Status quo* hätte gefährden können, und alles, was die Macht des ihr untergebenen Staatsapparats stärken konnte. Sie war, wenn man will, eine Macchiavellistin mit *Sex-Appeal.*

Wenn Justinian sich mit dem Papst entzweite, weil er ein rechthaberischer Dogmatisierer war, dann tat es Theodora aus einem ganz anderen Grund: Das Papsttum konnte der Vorrangstellung Konstantinopels gegenüber Rom gefährlich werden. Ihr Eintreten für dem Papsttum entfremdete Gruppen und – vermutlich – ihre Agitation gegen den Origenismus müssen von diesem Gesichtswinkel her gewertet werden. Theodora war es, die Justinian zu seiner unnötigen und schikanösen Kontroverse gegen die Nestorianer anstachelte.

Als Anhänger des Nestorius galten vor allem die Theologen Theodor von Mopsuestia, Theodoret und Bischof Ibas. Ihre Schriften, die genannten »Drei Kapitel« waren es, die das Konzil von 553 offiziell verdammte. Justinian entschloß sich zum

Vorgehen gegen die Nestorianer, weil seine Kaiserin ihm sagte, ohne die Verbannung ihrer Schriften sei die Heilung des Schismas mit den sogenannten Monophysiten (Anhänger der Lehre, daß Jesus Christus ausschließlich göttlicher Natur sei) unmöglich. Mit diesen aber hatte Theodora sympathisiert.

Man kann daraus auf das Ausmaß des Einflusses dieser Frau schließen. Der Verdacht, daß der Kaiser später auch beim Vorgehen gegen die Lehren des Origen noch unter ihrem Einfluß stand, ist recht naheliegend.

So sieht es danach aus, als ob das vermeintliche Verbot der Wiederverkörperungslehre weiter nichts als ein Geschichtsirrtum ist, ohne jede ökumenische Gültigkeit. Ein von Justinian manipuliertes *fait accompli*, das seit eineinhalb Jahrtausenden in der christlichen Kirche niemand ernsthaft anzuzweifeln gewagt hat. Mehr noch, das Thema wurde im Effekt totgeschwiegen. Wer eine Probe darauf machen will, möge in einem deutschen Konversationslexikon unter »Reinkarnation« nachschlagen und sehen, wie weit er fündig wird.

Eine besonders bizarre Ironie liegt in der Wahrscheinlichkeit, daß alles dies von einer Frau – eben der Bärenhütertochter vom Bosporus – angestiftet wurde, obwohl die Rolle der Frau in der Geschichte der kirchlichen Lehre sonst so gut wie nicht existiert.

Es drängt sich die Frage auf, wie sähe unser Weltbild ohne den Bannspruch des Kaiser Justinian heute aus? Wären wir offener für die Wirklichkeit hinter den uns wahrnehmbaren Dingen, wären wir unserem Schicksal gegenüber aufgeschlossener? Auch wenn man diese Fragen sicher mit »Ja« beantworten muß – eine wissenschaftliche Untersuchung der *Reinkarnation* wäre in jedem Fall das Gebot der Stunde.

Kapitel 14
Später Besuch bei Marie Antoinette

Das dreidimensionale Wiedererleben von Szenen aus der Vergangenheit mit allen dazugehörigen Farben, Klängen, Düften und Empfindungen gehört nicht zum normalen Erinnerungsvermögen. Es ist ein Phänomen von so ungewöhnlicher und auffallender Eigenart, daß sich etwas Besonderes dahinter verbergen muß.

Das Auftauchen einer 3-D-»Diaserie« mit Bildern von ganz persönlicher Bedeutung für einen in Todesgefahr Schwebenden oder Sterbenden, der ebenfalls dreidimensionale Film vor den inneren Augen des durch hypnotische Regression in seine Kindheit oder in ein vermutetes früheres Leben Zurückgeführten oder der ganz ähnliche »Film«, den ein Psychometriemedium bei der Einstimmung auf einen alten Gegenstand sieht – das sind übereinstimmende Beobachtungen, die auf einen allen gemeinsamen, bisher noch unerforschten Naturvorgang deuten.

Seltsamerweise ist es den Parapsychologen noch nicht aufgefallen, daß die Vorgänge eine starke Ähnlichkeit mit sogenannten Phantomerscheinungen haben. Bei ihnen entstehen Szenen in der Wahrnehmung des Beobachters aus dem Nichts, aber nicht wie im Falle einer Fata Morgana als atmosphärische Spiegelung, sondern als lebende Bilder aus der Vergangenheit. Die plastische Dreidimensionalität ist die gleiche, aber statt selber der Hauptdarsteller zu sein, ist man nun Zuschauer.

Von allen Phantomszenen – und die Literatur über sie ist

reich – gibt es wohl keine, die mehr Diskussionen ausgelöst hat als die Vision zweier englischer Damen im Garten von Versailles.

Im Sommer des Jahres 1901 unternahmen zwei Damen aus der englischen Universitätsstadt Oxford, Miß Annie Moberley (55) und Miß Eleanor Jourdain (38), eine Reise nach Frankreich. Am 10. August besuchten sie Versailles. Nach der Besichtigung des Schlosses machten sie einen Spaziergang durch den Park. Am Petit Trianon bogen sie in einen Weg ein, der sie unerwartet an den Rand der Gärten führte. Sie erblickten zwei mit Arbeiten beschäftigte Männer in eigentümlichen langen grünen Röcken und dreispitzigen Kopfbedeckungen. Die Damen fragten nach dem Wege, der ihnen wortlos mit einer Geste gewiesen wurde.

Kurz danach kamen sie an einer Kate vorbei. In der Tür standen eine Frau und ein etwa 15 jähriges Mädchen. Die Frau hielt einen Krug in der Hand, das Mädchen streckte ihr die Hände entgegen, als wolle sie den Krug nehmen, doch sah es aus, als würden beide mitten dabei innehalten, so als ob ein Film plötzlich angehalten worden sei.

Die beiden Fräulein aus Oxford setzten ihren Weg fort, durchquerten ein kleines Gehölz und standen plötzlich vor einem Pavillon. Davor saß ein Mann mit einem breitkrempigen Hut auf dem Kopf. Als sie das pockennarbige Gesicht des Mannes erblickten, fuhr ihnen der Schreck durch alle Glieder: »Das unheimliche Gefühl, das sich unser bemächtigt hatte, verstärkte sich bei seinem Anblick... Sein Gesichtsausdruck war voller Bosheit und doch so, als ob er uns nicht sehe.«

Plötzlich stand ein junger Mann vor den Damen. Er trug einen langen Rock und Schnallenschuhe und war offensichtlich vom Laufen erhitzt. »Hier geht es nicht weiter *(il ne faut pas passer par là)*«, rief er den Damen zu und noch eine Menge mehr, das sie nicht verstanden. Mit einer Geste: »*Cherchez la maison*« wies er in die Richtung des Trianon – und verschwand, als habe er sich in der Luft aufgelöst.

Die Besucherinnen, mittlerweile etwas verstört, setzten ihren Weg längs eines kleinen Baches fort und gelangten schließlich in einen anderen Garten. Im Hintergrund stand ein hübsches Landhaus, davor auf dem Rasen saß eine Dame in blaßgrünem Sommerkleid und Hut, mit einem Zeichenblock auf dem Schoß. Sie war hübsch, aber nicht mehr sehr jung. Bemerkenswerterweise sah nur Miß Moberley die Dame. Ihre Gefährtin hatte jedoch das starke Gefühl, als gehe sie an jemandem vorbei, »so daß ich sogar meinen Rock raffte«.

Die letzte Szene des seltsamen Schauspiels folgte eine Minute später auf der Terrasse, wo ein junger Mann – der soeben, die Tür laut hinter sich zuwerfend, herausgetreten war – ihnen die Richtung zurück zum Petit Trianon wies.

Wohlerzogene Engländer pflegen Gemütsbewegungen nicht voreinander zuzugeben, und so gestanden die beiden Damen einander zunächst nicht ein, daß das, was sie soeben erlebt hatten, höchst seltsam und auch beunruhigend war. Beide fürchteten, eine Halluzination gehabt zu haben, beide hofften, daß die Erinnerung an den Petit Trianon in den folgenden Tagen in Paris bald verblaßt sein würde.

Aber dem war nicht so. Was immer geschehen sein mochte, es ließ sie nicht los; aber erst eine Woche später wagten sie endlich, sich ihre Unruhe und Verwirrung über das Geschehene einzugestehen. Die Aussprache machte ihnen klar, daß sie anscheinend Zeugen eines spukartigen Schauspiels außerhalb der Wirklichkeit gewesen waren.

Die beiden Damen beschlossen, das Erlebte unabhängig voneinander niederzuschreiben. Dabei stellten sie fest, daß das meiste, aber nicht alles übereinstimmte. Miß Jourdain hatte die »Dame in Blaßgrün« nicht gesehen, Miß Moberley nicht die Frau und das Mädchen an der Kate. Sie analysierten die Kleider derer, die ihnen begegnet waren, und kamen zu dem Schluß, daß sie in das späte 18. Jahrhundert gehörten.

Waren sie in eine Kostümparty hineingeraten? Kritiker haben diese These vertreten und darauf verwiesen, daß der Graf Robert de Montesquion um die Jahrhundertwende oft *tableau vivants* mit seinen Freunden veranstaltete. Aber als die beiden englischen Fräulein drei Jahre später erneut nach Versailles fuhren, stellten sie fest, daß die Wege, die sie gegangen zu sein glaubten, nicht mehr da waren. Die Arbeiter-Kate war ebenso verschwunden wie der Pavillon und die Brücke über den Bach. Das Landhaus stand noch da, aber die Terrasse hatte sich völlig verändert. Außerdem, im August ist die Pariser Gesellschaft nicht in Paris, auch nicht zu kostümierten Garten-Parties!

Erst zehn Jahre nach ihrem Erlebnis wagten es die beiden Damen, ihre Berichte zu veröffentlichen. Ihr Buch, *An Adventure* (»Ein Abenteuer«) wurde zu einem großen Erfolg. Und es begann eine Diskussion, die auch heute noch nicht abgeschlossen ist.

Waren die beiden Autorinnen zuverlässig? Beide waren Töchter von Geistlichen mit eigener akademischer Karriere, die eine Rektorin eines Oxforder Kollegs, die andere, Miß Jourdain, schon damals eine angesehene Historikerin, die 1904 den Doktortitel erhielt. Es war unvorstellbar, daß sie sich einen Scherz geleistet hatten. Aber wenn es nur bei ihrem eigenen Wort geblieben wäre, hätte das Interesse an der Episode sehr wahrscheinlich bald nachgelassen.

Die »Spukgestalten« von Versailles jedoch kamen den beiden Damen zu Hilfe. 1928 erlebten wiederum zwei Engländerinnen aus bester Gesellschaft beim Spaziergang am Petit Trianon Szenen aus dem 18. Jahrhundert. 1937, 1938, 1949 und 1955 kamen weitere Berichte, und wieder wurde auch jene an Marie Antoinette erinnernde Zeichnerin gesehen. Und nicht alle der Zeugen hatten »*An Adventure*« gelesen.

Schon bei ihren ersten Nachforschungen im Jahre 1902 hatte Miß Moberley eine bemerkenswerte Ähnlichkeit der Dame auf dem Rasen mit einem Portrait der tragischen Figur der Gemahlin des Königs Ludwig XVI. festgestellt. Bei der Durchsicht alter Dokumente in der Pariser Bibliotheque Nationale stellte man fest, daß die königlichen Bediensteten in Versailles grüne Röcke und Dreispitze trugen. Eine Kate stand da, wo die Damen sie gesehen hatten, und wenn sich der Pavillon auf den 1789 benutzten Karten auch nicht finden ließ, so sprach doch ein Dokument aus dem Jahre 1776 von einem solchen genau an der bezeichneten Stelle. Selbst die Anlage der Wege ließ sich aus alten Plänen bestätigen.

Es war kein Wunder, daß die Spekulationen sich auf den 5. Oktober 1789 konzentrierten, den letzten Tag, den Marie Antoinette im Petit Trianon verbrachte. Hatten die Damen Jourdain und Moberley einen zeitversetzten Ausschnitt aus diesem Tag gesehen? War der Pockennarbige identisch mit dem Comte de Vaudreuil, der gegen die unglückliche Königin intrigierte, war der aufgeregte junge Mann ein Bote, der seine Herrin aufforderte, schnell ins Haus zurückzukehren und sich zur Flucht vor der aus Paris anrückenden Menge bereitzumachen?

Bekanntlich sind Zukunfts- und Vergangenheitsschau in der Regel um so deutlicher, je stärker der emotionale Gehalt der gesehenen Szene ist. Ortsgebundener Spuk ist meist auf eine Streßsituation in der Vergangenheit rückführbar. Das könnte auf den 5. Oktober zutreffen, aber auch auf andere Tage. Mehrere Jahre vor der Revolution war Marie Antoinette im Park von Trianon einem Unbekannten begegnet, bei dessen Anblick sie von einem Grausen befallen wurde. Sie könne, sagte sie zu ihren Hofdamen, die fürchterlichen Empfindungen nicht beschreiben, die jener in ihr wachgerufen habe. Nachforschungen ergaben, daß es der Brauer Antoine Joseph Santerre gewesen war, der später (1793) die Königsmörder befehligte.

Nach der Theorie, daß todesahnendes Grauen, Schreck und Schock sich psychisch besonders stark eingraben, könnte der »Pockennarbige« auch Santerre gewesen sein. Seine Gestalt gehört zur geschichtlichen Streßsituation von Versailles und könnte als psychisch in das Bild von 1789 hineinkopiert gedacht werden. Das freilich bleibt Spekulation.

Nimmt man einmal an, die Schilderung von Moberley und Jourdain entspräche in allen Punkten den Tatsachen, dann wäre zu fragen: *Was* haben die Damen gesehen? Sicherlich nicht die »Geister« von Marie Antoinette und ihren Bediensteten, die von Zeit zu Zeit nach Versailles zurückkehren, um ein wenig vor den Touristen zu spuken. Es ist eine viel rationalere Deutung möglich.

Wenn Szenen aus dem Leben eines Menschen außerhalb von dessen physischen Gedächtnis erhalten bleiben (und durch Hypnose abgerufen werden können), dann liegt es nahe, daß auch kollektive Szenenbilder irgendwo in einem kosmischen »Filmarchiv« verwahrt werden. Besondere Faktoren, die wir nicht erkennen können, sorgen dann für die Projizierung und teilweise Materialisierung des »Films« am ehemaligen Ort des Geschehens zu ganz bestimmten Zeiten. Man könnte auch von einer Spiegelung aus dem Überraum sprechen, doch vermittelt diese Bezeichnung weniger gut den Bewegungscharakter des Geschehens.

Unter günstigen Umständen kann die Illusion so stark werden, daß sie die Wahrnehmung der irdischen Zeugen zeitweise völlig gefangennimmt. Aber nicht ohne vielsagende kleine »Fehler« – so etwa, wenn der junge Mann mit den Schnallenschuhen plötzlich unsichtbar geworden war, man seine davoneilenden Schritte aber noch deutlich hören konnte!

Wie schon erwähnt, sah Miß Jourdain vor und nach dieser Szene einiges, was ihre ältere Freundin nicht bemerkte, und umgekehrt. So etwas kommt bei Phantomerscheinungen jedoch häufig vor, manchmal werden sie überhaupt nur von jenen gesehen, die wie Prinz Hamlet zu seinem Vater eine besondere Beziehung zu ihnen haben.

Auch die Atmosphäre mag ihren Teil beigetragen haben. Der 10. August 1901 war ein Tag mit hoher Luftelektrizität und Gewittern. Die Damen stellten außerdem eine plötzliche bedrückende Schwere fest, die während der etwa 30 Minuten ihres Spazierganges herrschte, nicht aber vorher und nachher. Es war seltsam windstill, und kein Blatt regte sich. Dieses Phänomen wird oft auch von anderen Phantomerlebnissen und angeblichen Ufo-Kontakten berichtet.

Es ist nicht notwendig, bombastische Spekulationen über »Zeitreisen« in die Vergangenheit oder spiritistische Deutungen zu Hilfe zu nehmen, wenn mit der Annahme eines im Multiversum gespeicherten dreidimensionalen Films eine Hypothese vorhanden ist, die sich auf vergleichbare Beobachtungen bei Sterbeerlebnissen und Regressionen stützt.

Zu allen Zeiten hat es ähnliche Phantomerscheinungen gegeben. Geisterhafte Bilder von Soldaten und Schiffen nach der Art des »Fliegenden Holländers« sind wahrgenommen worden. Ein französisches Filmteam sah 1928 über sich am Himmel von Marokko eine ganze Flotte alter Kriegskorvetten vorübersegeln. Flaggen waren genau auszumachen. Später verglichen die Filmleute ihre Notizen mit alten Dokumenten: sie hatten eine Flotte aus spanischen und portugiesischen Schiffen des 14. Jahrhunderts gesehen! Ein Schiff war türkisch. Nachforschungen ergaben, daß Schiffe beider Nationen tatsächlich einmal im 14. Jahrhundert ein türkisches Schiff begleiteten.

Da Luftspiegelungen sich nicht 600 Jahre lang halten, konnte es keine Fata Morgana gewesen sein. Auch hier liegt es also nahe, einen feinstofflichen Film zu vermuten, der aus irgendwelchen Gründen gerade zu dieser Stunde »ablief«.

Eine Hypothese könnte also deshalb lauten, daß in einer bestimmten Dimension des Überraums die Aufzeichnungen der gesamten Menschheitsgeschichte vorhanden sind, wobei Dinge, die besonders intensiv erlebt wurden oder mit starken Emotionen verbunden waren, sicherlich deutlicher und plastischer erhalten sind als Gleichgültiges. Die östliche esoterische Tradition nennt diese Aufzeichnung »Akascha-Chronik«.

Menschen mit medialer Begabung können Zugang zu Teilen dieses kosmischen Archivs haben. So ließe sich beispielsweise das phänomenale medizinisch-diagnostische Wissen erklären, das der Amerikaner Edgar Cayce in Trance herbeiholen konnte.

Kapitel 15
Das Hologramm des Allwissens

Jeder Mensch besitzt über sein Gehirn hinaus ein feinstoffliches, außerzerebrales Gedächtnis. Es nimmt, ähnlich wie die »Akascha-Chronik«, Erlebnisse, Gefühle und Gedanken auf, doch ordnet es sie in einer anderen Weise als das Gehirn. Dingen, derer wir wenig achten, mag es hohen Rang einräumen. Im Schlaf gibt dieses höhere Gedächtnis einen kleinen Teil seines Wissens zurück in unsere Träume. Beim Tode begleitet es uns. Es ist der Bildcomputer, der uns im nachtodlichen Bereich hilft, auf unser Leben zurückzublicken.

Die hypnotischen Altersregressionen zeigen, daß dieses Wissen, wenn es richtig abgerufen wird, stets und immer zur Verfügung steht. Seine dreidimensionalen Bilder leuchten auf, sobald auf sie »gezielt« wird.

Wie bildet sich unser Gedächtnis? Gibt es überhaupt Grenzen für die geistigen Entwicklungsmöglichkeiten des Menschen? Beide Fragen sind wissenschaftlich heute noch immer nicht zu beantworten. Aber mehr und mehr zeigt sich durch Lernexperimente mit Säuglingen, daß die geistige Kapazität des werdenden Menschen davon abhängt, wie sie in den ersten Wochen und Monaten seines Lebens stimuliert worden ist. Professor Taubmanns Feststellung, daß der Berufserfolg zu 48 Prozent von Erbfaktoren abhängt, muß sehr nachdrücklich mit der Bemerkung eingeschränkt werden, daß auch die Kleinstkindperiode dazu zu rechnen ist.

Es gibt Beispiele dafür, daß Kinder, deren Eltern von den ersten Lebenswochen an systematisch alles für die Intelligenzentwicklung taten, es mühelos mit 10 bis 13 Jahren zur Hochschulreife brachten. Die meisten Eltern werden es nun freilich ablehnen, »Intelligenzbestien« zu züchten. Es geht hier jedoch allein darum, zu zeigen, welche Kapazität das menschliche Gehirn hat.

Im Normalfall sollte es genügen, wenn eine Mutter aufmerksam auf alle Interessen und Reaktionen des Kleinstkindes eingeht und seiner Entdeckungsfreude freien Raum gibt. Auch sollte sie *mit* und nicht *zu* ihrem Kinde sprechen. Wer darin konsequent genug ist, gibt seinem Kinde überdurchschnittliches geistiges Rüstzeug auf den Weg.

Da sich intelligente Eltern meist mehr Mühe in dieser Hinsicht geben, tritt leicht der Eindruck auf, Intelligenz sei allein erblich bedingt. Dagegen spricht u. a., daß auch Adoptivkinder von intelligenteren Eltern geistig reger werden als etwa ihre Zwillingsbrüder oder -schwestern. Kinder, denen es im frühen Alter an Stimulanz mangelt, bleiben um 20 bis 30 Punkte auf der IQ-Skala hinter anderen zurück.

Der normale Mensch nutzt während seines ganzen Lebens nur etwa zehn Prozent seiner 14 Milliarden Gehirnzellen. Es ist, als ob er einen Rolls-Royce besitzt, aber ihn niemals fährt und mit einem Fahrrad zufrieden ist. Was geschieht mit den anderen Zellen – liegen sie völlig brach?

Auch dies läßt sich mit unseren heutigen Möglichkeiten noch nicht annähernd sicher beantworten. Jahrzehntelange neurobiologische Untersuchungen haben ergeben, daß es falsch ist, wie ursprünglich angenommen, sich Gedächtnismoleküle vorzustellen, die mit einer spezifischen Erinnerung programmiert sind. Wissen und Erinnerungen werden vielmehr von einem Verbund von Zellen gehalten und sind über das gesamte Großhirn verteilt.

Das spricht gegen eine rein mechanistische Vorstellung. Hinzu kommen die fast grenzenlosen Kapazitäten unseres Unter- und Überbewußtseins, all jenes, was der Mensch aus seinem Traumleben, aus Meditation, Ekstase und anderen nichtrationalen Erfahrungen dem zuschreibt, was man im Englischen als *mind* bezeichnet: die Gesamtheit unserer höheren geistigen Fähigkeiten.

Mind ist bewußter Verstand und Gemüt zugleich; es ist etwas viel Größeres als das abrufbare Gedächtnis eines Menschen. Das zeigt sich schon daran, welche Möglichkeiten und Talente sich in der normalen Hypnose wecken lassen. Die in der hypnotischen Regression aufleuchtenden »Filme« aus wahrscheinlichen früheren Leben geben dem Begriff *mind* fast unendliche Ausmaße. Wer dies für übertrieben hält, möge die astronomische Zahl der möglichen Permutationen errechnen, die sich ergibt, wenn man alle 14 Milliarden Nervenzellen miteinander verbinden würde (nämlich 14 Mrd. *hoch* 14 Mrd.). Und wenn die Gehirnkapazität unendlich ist, dann ist es die des *mind* erst recht.

Es gibt in der modernen Technik einen Begriff, der diesem dem Ideal des Allwissens nahekommenden Vermögen des menschlichen Geistes entspricht, nämlich die Holografik.

Ein Objekt wird mit kohärentem Licht, also Laserlicht, angestrahlt. Die reflektierten Lichtwellen treffen auf eine Negativplatte. Von einer anderen Seite treffen auf die gleiche Platte Strahlen der gleichen Lichtquelle, die nicht vom Bildobjekt, sondern durch einen Spiegel reflektiert worden sind.

Aus den Lichtwellen-Interferenzen dieser beiden Quellen entsteht das Hologramm, das nun eine vollständige dreidimensionale Abbildung des Objektes darstellt. Dieses 3-D-Bild kann später durch einen neuen Laserstrahl wieder zum Aufleuchten gebracht und damit abgerufen werden. Mikrohologramme haben ein großes Potential als Computerbänke der Zukunft. Auf einem einzigen Kubikzentimeter bieten sie Platz für mehrere hundert Millionen »bits«*, die wieder abgerufen werden können. Die kurze Wellenlänge des Lichts macht das möglich.

* ein bit = eine Informationseinheit.

Mikrohologramme sind den Mikrofilmen überlegen. Da zu dem Prozeß keine Linse benutzt wird, bildet sich auf dem Negativ auch kein scharfes Bild, sondern nur ein anscheinend sinnloses Wirbelmuster. Bringt man dieses Muster aber später wieder in kohärentes Licht, dann leuchtet sofort das *ganze* 3-D-Bild auf, auch wenn nur ein Teil des Hologramms angeleuchtet wird.

Man könnte auch sagen: Jeder Teil eines Hologramms enthält zugleich das Ganze. Das ist das eigentliche »Wunder« dieser Erfindung, für die Professor Denis Gabor (Cambridge) 1971 den Nobelpreis erhielt. Die Leibnizsche Integral- und Differentialrechnung hatte ihm übrigens dabei Pate gestanden.

Diese Eigenschaft entspricht nun aber in frappierender Weise der des menschlichen Gehirns, dessen Gedächtnisfunktionen nicht streng lokalisiert, sondern über die gesamte Gehirnrinde verteilt sind, aber durch Reize (Elektroden, Drogen, Hypnose) zum dreidimensionalen Aufleuchten gebracht werden können.

Das »*mind*« erlebt in der Sterbesituation oder während der hypnotischen Regression die vor dem inneren Auge ablaufenden Szenen sogar als hologrammähnlichen Film. Dabei scheint als »Filter« die rechte Gehirnhälfte eingeschaltet zu werden. Sie hält Empfindungen und den seelisch-moralischen Inhalt einer Situation fest, während die linke Hälfte die Teile analysiert.

In unserem *mind* befindet sich also die Auslösemechanik für die gesamte feinstoffliche Aufzeichnung, die Akascha-Chronik unserer bisherigen Leben..., nur daß sie in einzelnen Filmszenen herbeigeholt werden muß. Wir sind ja auch nicht in der Lage, einen Spielfilm durch ein einziges Photo zu ersetzen.

Die Hologrammtheorie wurde zuerst 1971 von dem amerikanischen Neurologen Karl Pribram (Stanford University) vorgetragen und 1973 auch vom Verfasser dieses Buchs (damals ohne Kenntnis der Pribramschen Arbeit) als eine mögliche Erklärung für das Wesen des »Feinstoffgehirns« genannt.*

Pribram, der von »holonomischen« Systemen spricht, geht davon aus, daß die Verarbeitung von Informationen für das menschliche Gedächtnis von den beiden Gehirnhälften parallel, aber verschieden erfolgt. Die rechte besorgt die Bildkonstruktion, die linke die mechanische, computerähnliche Programmierung. Dies ist ein Prozeß, der dem holografischen Bildaufbau analog ist. Die auf zwei parallelen Wegen aufgebaute Verarbeitungskapazität des Gehirns ist der eines Computers in der Tat weit überlegen.

Pribram sieht seine Theorie durch klinische Beobachtungen bestätigt. Einer seiner Patienten hatte nach einem Schlag auf den Kopf periodische Schwindelanfälle, nach denen die Sicht gestört war: es stand plötzlich alles auf dem Kopf, bis nach dem nächsten Anfall alles wieder ins richtige Lot zurückfiel.

Der Patient – die Häufigkeit der Anfälle nahm langsam ab – trug die Sache übrigens mit Humor. »Er meinte, am meisten störe es ihn«, schreibt Pribram, »daß die Röcke der Mädchen nun nach oben hingen, obwohl diese doch auf dem Kopf standen.«[1]

Wenn die Aufnahme von Sinnesinformationen *direkt* zur Wahrnehmung führen und nicht zuerst im Gehirn Bilder konstruiert würden, hätte sich die Sehstörung nicht in dieser Form auswirken können.

Der Physiker David Bohm, ein früherer Mitarbeiter Einsteins, hat die Hologrammtheorie auf die Physik übertragen. Seine Beweisführung ist für Laien sehr kompliziert; sie läuft darauf hinaus, daß atomare Partikel in einem holografischen Organisationsmodell von subquantischen Kräften in einem bestimmten Areal gehalten werden. Auf der Makroebene könnte das ganze Universum, wenn man es einmal nicht durch eine Linse betrachten würde, eine Hologrammstruktur sein.

* Peter Andreas und Caspar Kilian: Die Phantastische Wissenschaft (Econ 1973).

Bohm will die gesicherten Erkenntnisse der Quantenmechanik nicht etwa umwerfen; er fügt sie nur in den holografischen Überbau ein. Wenn er recht hat, muß die theoretische Physik erneut umdenken: Die Unbestimmbarkeit eines subatomaren Vorganges wäre dann nur eine oberflächliche Erscheinung, eben das »Ergebnis holografischer Unschärfe*, die die zugrunde liegenden Symmetrien reflektiert« (Pribram).

Hätte dann Einstein mit seinem »Gott würfelt nicht« etwa doch recht gehabt? Und nicht nur das: das holografische Prinzip in der Physik könnte schließlich den Weg zu jener universalen Feldtheorie weisen, nach der Einstein vergeblich suchte.

Die Wissenschaft in ihrer Gesamtheit hat sich diese Auffassungen noch nicht zu eigen gemacht; sie würden nichts weniger als eine Revolution bedeuten. Aber es bahnen sich auf anderer Ebene Bemühungen an, Wissenschaft, Parawissenschaft, Philosophie und Religion in ein ganzheitliches Bild zu fügen, in dem das »Erfahrungswissen«, d. h. das nicht exakt Meßbare, gleichwertig neben dem Sachwissen stehen würde.

Die neue Wissenschaft hat auch bereits einen Namen: Holonomie. Ihre Befürworter sind sich darüber im klaren, daß eine Generation vergehen könnte, bis ihr Weltbild allgemein anerkannt ist.

Mit diesem Weltbild könnten wir sehr wahrscheinlich die Antworten auf Dinge finden, die uns bisher ein Rätsel sind. Wir würden beispielsweise zu begreifen beginnen, warum bei Telepathie und Hellsehen offenbar keine Zeit verstreicht und keine elektromagnetischen Wellen dazu benötigt werden. Alles, was im Feinstoffilm der Geschichte aufgezeichnet ist, kann mit einem »Lichtstrahl des Bewußtseins« sofort Gegenwart werden.

Wenn man es vorzieht, sich die Wiederverkörperung eines Menschen als neuen Zweig am Baum einer Gruppenseele vor-

* Holografische Unschärfe entsteht, wenn ein Teil des 3-D-Bildes entfernt wird. Zwar leuchtet dann noch das gesamte Bild auf, wenn es angeleuchtet wird, doch ist sein Raster sehr viel gröber geworden.

zustellen, so könnte das holografische Erinnerungsvermögen sich auf die anderen Zweige des Baumes erstrecken. Wird so erklärlich, daß »Seth« sagt, es fänden in einem gewissen Sinne alle Reinkarnationen zur gleichen Zeit statt? Und steht unsere Überseele ihrerseits in holografischer Verbindung mit anderen Überseelen – um nicht zu sagen, mit der ganzen Menschheit?

Interessante Hinweise auf Hologrammeffekte haben amerikanische Forscher bei Untersuchungen von sogenannten Kirlian-Hochfrequenzaufnahmen gefunden. Bei Hochfrequenzaufnahmen der Fingerkuppe einer schwangeren Frau zeigten sich bildhafte Veränderungen, die von Prof. Douglas Dean als möglicher Eintritt der Seele des noch ungeborenen Kindes gedeutet werden. Es wird damit nicht behauptet, daß das Kind im Mutterleib diesen Effekt bewirkte, sondern daß das Thema, das die Gedanken der Mutter in dieser Stunde absolut beherrschte, sich analog eines Hologramms auf die Fingerkuppe übertrug.

Die Hologrammanalogie läßt uns auch manchen »Spuk« verstehen*. Die Figuren im Park von Versailles leben nicht wirklich im Jetzt, sie führen ein rein mechanisches Leben. Filmfiguren können uns zu Lachen und Tränen, Freude und Angst verführen. Doch wenn wir die Augen schließen, sind sie nicht mehr da.

Ist Bewußtsein holonomisch? Wir werden es vielleicht nie sicher wissen, denn Bewußtsein läßt sich, wie die Zeit, nicht auf andere Bezugsgrößen reduzieren – und läßt sich wiederum nur durch ein anderes Bewußtsein beobachten. Immerhin hat die moderne Gehirnforschung aber keine Anhaltspunkte für die in der Neurologie lange vertretene Annahme erbracht, daß Zentren wie der Hypothalamus als Sitz der menschlichen Motivationsimpulse gesehen werden müssen. Es scheint inzwischen sicher, daß kein Gehirnchirurg jemals einen »Sitz des Bewußtseins« im Gehirn finden wird. Sicher ist nur, daß das Gehirn

* Natürlich lassen sich nicht alle Spukereignisse auf diese Weise erklären. Auf die anderen Aspekte dieses weitläufigen Gebiets kann hier nicht eingegangen werden.

Bewußtseinsfunktionen in der Form von Energiefeldern *ausübt.*

Die Physiker Harold Puthoff und Russell Targ vom *Stanford Research Institute* postulieren eine Analogie zwischen dem Hologrammprinzip und der Zeit. So wie jeder einzelne Punkt eines Hologramms zugleich auch die Informationen aller anderen Punkte enthält, so könnte jeder Punkt in der Zeit auch über alle anderen Punkte Auskunft geben. Die Gegenwart könnte so als ein Produkt von Vergangenheit und Zukunft gedacht werden.

Die modernste Anwendung des Hologrammprinzips scheint sich derweil in der Genetik anzubahnen. Man weiß heute, daß jede einzelne Zelle eines Lebewesens die Informationen für alle Organe enthält. Aus der Zelle, die zusammen mit vielen anderen ein menschliches Auge bildet, hätte genausogut der große Zeh werden können. Ein Selektionsmechanismus, dessen Ursprung und Wirkungsweise der Wissenschaft noch ein Rätsel ist, stellt sicher, daß alle Informationen außer der, die »Auge« lauten, abgeschaltet werden. Man kann deshalb heute mit einiger Sicherheit sagen, daß jede lebende Zelle nach dem Hologrammprinzip eingeordnet wird. Ein »Bauplan«, für den es keine rein materialistische Erklärung gibt, sorgt dafür, daß sich das Lebewesen daraus in der richtigen Weise entwickelt. In einigen entwickelten Organen bleibt jedoch das holografische Prinzip in einer ganz besonderen Weise erhalten.

Darauf beruht im Grunde genommen die Wirkungsweise einiger diagnostischer und therapeutischer Verfahren, die außerhalb oder noch am Rande der Schulmedizin stehen: der Irisdiagnostik, der Fußreflexzonenmassage und der Ohrakupunktur. Jeder Teil des Körpers, jedes Organ hat im Lehrsystem dieser Therapien an den Fußnerven, in der Augeniris oder an der Ohrmuschel eine Stelle, die ihm entspricht und mit der es durch Reizwirkung in Verbindung steht.

Menschen an der Todesschwelle haben manchmal blitzartige Einblicke in eine andere Welt. In ihr existiert, wie R. A. Moody es beschreibt, »alles Wissen, ob aus Vergangenheit, Gegenwart oder Zukunft, in einer Art zeitlosem Zustand nebeneinander«.[2] Solche Erlebnisse sind überwältigend und unvergeßlich, lassen sich aber mit den uns zur Verfügung stehenden Worten nicht beschreiben.

Haben wir mit diesem Hologramm des Allwissens den »Stein der Weisen« gefunden? Die Erfahrung der Schwellenerlebnisse läßt es vermuten. Aber der Stein ist multidimensional und läßt sich nicht festhalten. Bei der Rückkehr in die grobe Welt der Dreidimensionalität ist der Schatz des Allwissens uns wieder entglitten.

Kapitel 16
Von Hopi-Indianern zur Superphysik

Ein Hypnotiseur läßt seine Versuchsperson in einen tiefen Hypnosezustand sinken. Dann gibt er ihr eine Aufgabe, die sie mit ihrem intellektuellen Rüstzeug zwar lösen kann, die jedoch so kompliziert ist, daß sie normalerweise Stunden damit verbringen müßte.

Der Hypnotisierte beginnt seine ihm gestellte Aufgabe zu lösen. Nach Beendigung meint er, Stunden oder den ganzen Tag damit verbracht zu haben. In »Wirklichkeit«, d. h. nach der Uhr des Hypnotiseurs, sind jedoch nur Minuten oder gar nur Sekunden verstrichen.

Es ist vorgekommen, daß Hypnotisierte nach dem Erwachen einige Stunden damit beschäftigt waren, ihre in nur wenigen Sekunden erhaltenen Ideen auf Papier zu bringen. Daraus folgt zumindest theoretisch, daß es möglich ist, Wissen aller Art im Zeitraffertempo zu vermitteln.

Dr. Lynn Cooper aus Washington ließ die Zeit im Hypnoseexperiment zusammenschrumpfen. Er gab seinen Versuchspersonen Aufgaben und sagte ihnen, sie hätten zur Lösung 10 Minuten. Jede Minute werde durch ein Ticken des auf dem Tisch stehenden Metronoms angezeigt. In Wirklichkeit schlug der Taktmesser jede *Sekunde* einmal an. Die Hypnotisierten paßten sich dieser Zeitverkürzung vollkommen an und hatten ihre Aufgaben beim 10. Anschlag – also nach 10 Sekunden – gelöst. Cooper hatte die Zeit überlistet.

Ein wesentlicher Teil der menschlichen Gehirnkapazität, das

beweisen diese Experimente, bleibt normalerweise ungenutzt. Sie sagen aber auch einiges über die Zeit aus! Es genügt hier nämlich nicht mehr, nur vom subjektiven Zeitempfinden zu reden. Vielmehr sieht es so aus, als ob der menschliche Verstandesgeist (das *mind*) ein mitbestimmender Faktor der Zeit sein könnte.

Das wird auch bei kleinen Kindern deutlich, in denen der Intellekt noch nicht dominiert. Sie leben im ständigen »Jetzt«, ja verwechseln Vergangenheit und Zukunft, weil sie noch nicht »gelernt« haben, sie voneinander zu unterscheiden. Gestern und morgen bedeutet für sie ein und dasselbe. Sie können vom Gegenwärtigen, worin sie sich erlebend befinden, nur das Nichtgegenwärtige unterscheiden.

Es ist dasselbe Alter, in dem das Kleinkind von sich selbst noch in der dritten Person spricht. Gehen hier »Ichlosigkeit« und subjektive Zeitlosigkeit miteinander? Erst wenn das Ichbewußtsein, etwa nach dem dritten Lebensjahr, stärker aufleuchtet, tritt auch die Unterscheidung zwischen Vergangenem und Zukünftigem ein, und das hellsichtige Schauen des Kleinkindes wird langsam von der Erinnerungsvorstellung verdrängt.

Die Zeitraffung kann auch in Träumen oder in Augenblicken der Inspiration beobachtet werden. Von Beethoven heißt es, daß er eine seiner Synfonien von Anfang bis Ende in einer wenige Minuten dauernden ekstatischen Eingebung hörte. Dann aber mußte er sie, mühsam rekonstruierend, in monatelanger Arbeit niederschreiben.

Der gleiche Zeitraffer-Effekt tritt auf, wenn das Bewußtsein vom physischen Körper losgelöst ist – beim Ablauf des »Films« unseres eigenen Lebens und, besonders eindrucksvoll, wenn bei Sterbeerlebnissen der Sinn der Welt und aller Dinge in ihr in einer nur Sekunden Erdzeit währenden transzendenten Erfahrung »verstanden« wird.

Die Schulwissenschaft hat immer wieder versucht, der unbequemen Auseinandersetzung mit diesem Phänomen aus dem Wege zu gehen. Dabei nahm man gern in der Behauptung Zuflucht, es handele sich um Produkte krankhafter oder drogenbeeinflußter Geisteszustände. Das empirische Beweismaterial der Sterbeberichte läßt solche Ausflüchte nicht mehr zu. Die Sinne von Menschen, die durch das Sterbeerlebnis gehen, sind ebensowenig krankhaft wie die eines Genies, das einer Inspiration teilhaftig wird. Im Gegenteil, sie sind besonders scharf.

Viele »Sterbe-Erfahrungen« sind so klar, daß sie niemals wieder vergessen werden, ja oft die Lebensanschauung des Betreffenden völlig verändern. Halluzinationen im Fieberwahn oder unter medikamentösem Einfluß haben niemals diese Wirkung.

Das Zurückgezogenwerden in den wiederbelebten Körper wird empfunden wie die Rückkehr in ein Gefängnis. Ist auch die Zeit ein solches Gefängnis? Kann es noch einen vernünftigen Zweifel daran geben, daß der wahre Charakter der Zeit qualitativ ist und nicht mechanistisch, daß eine »Relativität« zwischen ihr und unserem Denken besteht?

Wahrscheinlich läßt sich jener Aspekt der Zeit, der mit außersinnlicher Wahrnehmung, Bewußtsein und Schicksal zu tun hat, überhaupt nicht in physikalisch-mathematische Begriffe kleiden. Oder man muß seine Konzeption so breit anlegen wie der Sowjetrusse Kosirew. Er postuliert: 1. Zeit ist eine Energieform, 2. Zeit hat Dichte, 3. Zeit ist eine variable Dimension des psychischen Raumes, und 4. Zeit kann von *mind* verändert werden.

Es gab bis vor kurzer Zeit in Afrika und Asien Naturvölker, die, wie die Kleinkinder, ebenfalls nicht in den Kategorien Vergangenheit und Zukunft dachten. Für sie gab es nur Gegenwart und Nichtgegenwart. Man könnte sagen, daß die Zeitlosigkeit bei ihnen noch in die vollentwickelte menschliche Psyche hineinreichte, während sie sonst jenseits unseres Wachbewußtseins liegt. Der Amerikaner Benjamin Lee Whorf, der die Sprache der Hopi-Indianer in Arizona studierte, fand nach langen und gründlichen Untersuchungen, daß die Hopis sich die Zeit auch nicht als ein fließendes Kontinuum vorstellen, in dem sich alles im gleichen Tempo aus der Zukunft durch die Gegenwart in die Vergangenheit bewegt. Obwohl die Hopi-Sprache in jeder Weise als »anspruchsvoll« bezeichnet werden darf, kennt sie weder grammatische Formen noch einen eigenen Ausdruck der Zeit.

Whorf fand, daß dieser »Mangel« der Ausdruck einer in sich abgerundeten nichtmathematischen Weltanschauung ist. Die Hopis unterscheiden zwischen »offenbarter« (objektiver) und »unoffenbarter« (subjektiver) Welt.

Die erstere umfaßt alles, was für die Sinne erfaßbar ist oder jemals erfaßbar war. Dabei wird zwischen Vergangenheit und Gegenwart jedoch *nicht* unterschieden. Die subjektive Welt umfaßt die Zukunft, gleichzeitig und *ohne Unterscheidung von ihr* aber auch alle geistigen Vorgänge, Wünsche, Erwartungen, Gefühle; schlechthin alles, was im Geist oder im Herzen der Menschen, Pflanzen und Dinge verborgen ist. Für den Hopi ist diese Welt völlig real.

Westliche Wissenschaftler pflegten das bisher eine magische Weltauffassung zu nennen, und es schwang meist ein Unterton von Herablassung darin mit. Lee Whorf empfindet das als ungerecht; er meint, daß unser Denken an ein fließendes Kontinuum aus Zukunft, Gegenwart und Vergangenheit im Grunde ebenso metaphysisch ist. Wir haben es uns angewöhnt, in diesen Kategorien zu denken; das aber beweist noch nichts.

Und tatsächlich weicht die Superphysik ja vom Einstein-Minkowski-Weltbild ab; der Sowjetrusse Kosirew steht den Hopi-Indianern bemerkenswert nahe!

Wenn man ein Denkmodell aufstellen wollte, das die qualitative Natur der Zeit berücksichtigt, müßte es etwa so aussehen:

1. Es gibt die Zeit, in der wir unser materielles Leben führen. Mit ihm sitzen wir im »Zeitkäfig«, im Wandel des Werdens und Vergehens.
2. Es gibt auch die relative, dehnbare oder »verdünnte« Zeit der Psyche, also des Fühlens, Wünschens, Träumens. Vielleicht auch jener erdnahen Dimensionen, die man »astral« nennt und die der Mensch betritt, wenn er die körperliche Hülle abgelegt hat – zeitweilig oder ganz.

3. Dann gibt es die Zeitlosigkeit im Überraum. Es gibt sie wirklich, sie ist nicht nur ein philosophischer Begriff. Das Erleben des christlichen Mystikers in der *unio mystica,* des Hindu-Yogi im *Samadhi* oder des Zen-Schülers im *Satori* ist zeitlos; aber es läßt sich mit Worten nicht schildern.

Zeitlosigkeit und Nullzeit sind nicht dasselbe. Von Nullzeit sprechen wir, wenn jemand von A nach B gelangt, ohne daß dabei Zeit verstrichen ist, wie im Falle der Grete Ahr in Reichenberg. Zeitlosigkeit ist ein Bewußtseinsbegriff. Ein Mann, der bei einem schweren Unfall in den OOB-Zustand tritt und dort sein ganzes Leben wie in Bildern vor sich abrollen sieht, kann bei der Rückkehr ins Normalbewußtsein erleben, daß die Bewegungen der um seine Rettung bemühten Menschen wie »eingefroren« auf den Augenblick sind, in dem er sie verließ. Erst wenn er seine Aufmerksamkeit auf sie konzentriert, beginnen sie sich wieder zu bewegen.

Waren nicht auch die Bewegungen der beiden Frauen an der Kate nahe des Petit Trianon wie »eingefroren«? Nur war es dort das Bild und nicht die Beobachter, das aus einer anderen Dimension kam!

Zeit, so läßt sich zusammenfassen, ist relativ zum Bewußtseinsraum. Je materieller dieser ist, desto fester ist der Zeitkäfig, der uns umgibt. Das gilt auch in bezug auf die Vergangenheit. Diese »existiert« in unserem Gedächtnis und in unserer Wahrnehmung durch die von vorangegangenen Generationen zurückgelassenen Dokumente, Bauwerke usw.

Je stärker wir uns gedanklich an die Vergangenheit klammern, desto fester befinden wir uns im Griff der Zeit und durch das an sie gekoppelte Ursache-Wirkung-Prinzip auch im dichten Netz der Zukunft. Je weniger wir von unserer Vergangenheit abhängig sind, desto freier sind wir in der Zukunft.

In den zeitlosen Überraum, die »unoffenbarte Welt« der Hopis, den Erlebnisraum des Mystikers, vielleicht den Lebensraum höherer Intelligenzen, die wir im multidimensionalen Raum nicht wahrnehmen können, auch wenn sie direkt neben uns stehen, werden nur die wenigsten von uns in diesem Leben bewußt hineingelangen. Nun, es werden auch nur die wenigsten von uns Meisterpianisten.

Wichtig ist, daß es die Überdimension *gibt*. Und wenn wir keinen Mystiker kennen, dann kennen wir vielleicht einen Hellseher oder jemanden, der mit dem »zweiten Gesicht« begabt ist, und, jeweils für Augenblicke, dorthin hochgehoben wird, von wo man alles überblickt.

Kapitel 17
Erinnerungen an die Zukunft sind lernbar

Für den Hopi ist die Zukunft nicht von der Gegenwart oder Vergangenheit getrennt. Sie ist zwar »subjektiv«, aber nichtsdestoweniger real. Daraus folgt, daß sie im Grunde genommen schon bei ihm und um ihn ist.

Zu weitgehend wäre die Behauptung, die Zukunft liege für den Hopi schon fest. Aber der subjektive Kosmos, der eben nicht auf ihn »zukommt«, sondern schon bei ihm ist, wirkt als eine dynamische Kraft, bis er schließlich die äußere Form des Objektiven erreicht.

Die Mehrheit der Forscher, die sich mit der Zukunfts- und Schicksalsfrage befassen, ist heute der Ansicht, daß wenigstens die nahe Zukunft schon »bei uns« ist. Sie ist es nicht in einer festen, sondern in plastischer Form, die Änderungen im Detail und gelegentlich auch noch radikale Korrekturen zuläßt.

Die philosophische These, daß alles, was jemals war, ist und sein wird, schon von Anbeginn an feststand, ist unserem Begreifen schwer zugänglich. Aber die meisten Menschen fühlen instinktiv, daß das Gegenteil davon jedenfalls nicht wahr sein kann, daß die Zukunft nicht einfach eine leere Fläche ist. Auf einer solchen Fläche wäre auch die Präkognition nicht möglich.

Es gibt mehrere Denkmodelle für die plastische Heranbildung der Zukunft. Nehmen wir das des australischen Physikers Dr. Raynor C. Johnson. Johnson denkt an eine Anzahl von Bewußtseinsebenen, von denen er einer die Rolle eines »Karma-Kornspeichers« zuweist. Aus diesem Speicher, der das Saatkorn für das gegenwärtige Leben enthält, fallen Körner, sobald sie »reif« sind, langsam auf den Schicksalsweg des Menschen herunter, zu dem dieses individuelle Karma gehört.

Zunächst sind diese Körner weich und formbar, doch je tiefer sie fallen, desto härter werden sie. Wenn sie uns erreicht haben – es ist dann für uns Gegenwart –, sind sie voll materiell und sichtbar geworden.

Die Richtung der karmischen Kausalität ist also nicht von links nach rechts, so wie wir uns den Zeitlauf gewöhnlich vorstellen, sondern von oben nach unten, durch verschiedene Stufen der Realität, auf denen sie durch neu hinzukommende Faktoren noch beeinflußt werden kann.

Solche Faktoren sind nach Dr. Johnson »Gebete, veränderte Haltungen oder die Intervention höherer Wesen«. Viele Menschen würden hier auch Umweltfaktoren hinzuzählen; es ist aber in letzter Konsequenz nicht sicher, ob diese einen wirklich schicksalsbestimmten Einfluß haben, der mehr als nur äußerlich ist.

Statt der fallenden Saatkörner läßt sich auch das Bild weicher Schneeflocken zur Hilfe nehmen. Die Schneeflocken verhärten sich, kristallisieren schließlich und frieren miteinander fest.

Verlagert man die senkrechte Kausalrichtung der besseren Anschaulichkeit wegen in die waagerechte, so erhält man das Bild einer Landschaft mit plastischen Hügeln und Tälern vor sich. Nach allem, was wir von den erstaunlichen, fast grenzenlosen Fähigkeiten des Unbewußten wissen, wäre es nicht überraschend, wenn der Mensch dieses Unbewußte auf »Spähtrupp« in seine eigene Zukunft schicken könnte. Und das geschieht bei allen Menschen gewohnheitsmäßig, ohne daß sie es ahnen.

Nur ein ganz kleiner Teil dessen, was der Kundschafter berichtet, gelangt ins Wachbewußtsein. Der größere Teil bleibt im Unbewußten. Wenn Hellseher sagen, es sei für sie, als ob die Zukunft eines Menschen aus diesem »herausströmt«, dann spricht zu ihnen sehr wahrscheinlich jener sonst verborgene Kundschafter.

Aber spielen nicht andere Menschen, spielt nicht die »Umwelt« bei unserer Zukunft mit? Gewiß, und auch sie senden unbewußt ihre Spähtrupps aus. Bestimmte Teile unserer unbewußten Persönlichkeiten »treffen« sich sozusagen im Niemandsland – meist, aber nicht notwendigerweise nur im Schlaf – und vollziehen auf eine geistige Weise miteinander das, was später im Wachen für uns feste Realität wird.

Die plastische Landschaft ist auch schon eine Realität, aber je weiter wir uns in sie hinauswagen, desto gröber wird das Raster, desto mehr kann unser Wille sie noch formen.

Aus diesem Bereich sind die »Erinnerungen an die Zukunft« erklärbar, die sehr viele Menschen haben, ohne zu wissen, woher sie kommen. Dieses Wissen ist nicht übersinnlich, es überfällt den Betreffenden nicht wie das »zweite Gesicht« – es ist eher so, als falle einem beim Geschehen im »Jetzt« der Schleier von den Augen, und man begreift, daß man alles schon gesehen hat. Die Parapsychologie nennt das ein »déjà-vu-Erlebnis«.

Das Vorerleben geschieht auch bei ganz kurzen Zeitdistanzen. Der amerikanische Neurologe Professor José Delgado von der Yale-Universität stimulierte Patienten durch winzige Stromstöße im Hippocampus- und Mandelbereich des Gehirns. Später, als er sich mit den Patienten unterhielt, erklärten sie ihm, sie hätten alles gerade Geschehende bereits erlebt. »Ich wußte, was Sie sagen würden, bevor Sie es sagten.«

Delgado hatte bei früheren Forschungen durch Elektrostimulierung der Seitenlappen des Gehirns die Vergangenheit lebendig werden lassen. Jetzt hatte er im Hippocampus die Zukunft wachgerufen.

Es läßt sich spekulieren, daß Menschen mit »Vorahnungen« und auch der erwähnten Lady Rhys-Williams, die eine ganze Rundfunknachricht früher »hörte«, von der Natur besondere Fähigkeiten mitgegeben worden sind – ein erstklassiger innerer »Spähtrupp« und die Übertragung des Erfahrenen in die wachen Sinne *vor* dem eigentlichen Geschehen.

Manchmal sehen wir die plastische Landschaft auch in unseren Träumen. Das Traumbewußtsein folgt jedoch seinen eigenen Gesetzen, und vieles zeigt sich ihm nur symbolisch. Was konkret vorgeträumt wird, läßt sich nach Meinung des bereits genannten Schriftstellers John Priestley in zwei Kategorien unterteilen: Das Schreckliche und das ganz Triviale. Auf beides haben wir praktisch keinen Einfluß. Alles, was zwischen diesen Extremen ist, liegt im Bereich des freien Willens.

REM-Träume bewirken nicht Zukunft. Sie verarbeiten in der Regel meist das, was bereits vorhanden ist. Die unbewußten Tiefenschichten dagegen *gestalten,* wirken bei der Formung unserer Zukunft schöpferisch mit.

Man sollte eigentlich den Plural gebrauchen und *Zukünfte* sagen. Im plastischen Niemandsland werden zahlreiche Zukünfte ausgeformt, wie es unseren seelischen Bedürfnissen entspricht. Nur eine davon wird später im Wachsein erlebt; die anderen haben für unsere geistig-seelische Entwicklung jedoch eine kaum weniger große Bedeutung. Auch diese Pseudo-Zukünfte können sich in einigen Traumszenen zeigen.

Ebensogut kann man von einer Vielzahl von Wahrscheinlichkeiten sprechen und dem Unbewußten die Fähigkeit zusprechen, diese wie ein Computer abzutasten. Man bewegt sich dann im konventionellen Begriffsrahmen, meint aber dasselbe. Aber wer das Unbewußte beobachtet, erkennt auch, daß es nicht nur abtastet; es wirkt und schafft selber.

Der irische Physiker und Chemiker Dr. Sean O'Donnell gab sich mit Mutmaßungen über die Zukunft nicht zufrieden. Die Beobachtung, daß Kleinstkinder in der Zeitlosigkeit leben und erst durch die Erziehung daran gewöhnt werden, die Vergangenheit als das einzig Feststehende anzusehen, brachte ihn auf den Gedanken, daß der Mensch von der Natur vielleicht mit einem völlig symmetrischen Gedächtnis ausgestattet ist. In der Mitte liegt das »Jetzt«, rechts und links strecken sich Zukunft und Vergangenheit.

Die Annahme, daß unser Gedächtnis asymetrisch ist und nur die Vergangenheit erfaßt, werde zwar allgemein für wahr gehalten, sei aber eigentlich unbewiesen, überlegte O'Donnell.

Er begann auf sein eigenes intuitives Vorauswissen von alltäglichen Dingen zu achten. Dies wurde zum Ausgangspunkt ausgedehnter Untersuchungen, die ihn davon überzeugt haben, daß sich hinter der Intuition ein vollwertiges Zukunftsgedächtnis verbirgt. Was wir intuitiv voraussehen oder fühlen, wären demnach im wahrsten Sinne des Wortes Erinnerungen.

O'Donnell nahm sich selbst als Versuchsobjekt. Er begann mit Spielkarten, die er zu »raten« versuchte, ging dann zu Zahlensystemen und »praxisnahen« Beobachtungen über – so etwa, wieviel geparkte Kraftwagen er entlang einer bestimmten Strecke sehen würde, und auch die Buchstaben und Zahlen ihrer Kennzeichen. Besonderen Erfolg hatte er mit Roulette, wobei er sich auf die Wahl zwischen Rot oder Schwarz beschränkte und die Nullen außer acht ließ.

Nach etwa »hundert Stunden sehr angestrengten Übens«, berichtet der Wissenschaftler, habe er statt der statistischen Treffererwartung von 50 Prozent einen Durchschnitt von 80 Prozent erzielt. Andere Versuchspersonen brachten es immerhin auf 65 Prozent. Zwischen Abruf und Wurf der Kugel lagen gewöhnlich fünf Sekunden.

Dies wären in der Kasinopraxis sensationelle Resultate. Aber O'Donnell warnt, daß für das »Vorwärtsgedächtnis« günstige psychologische Bedingungen notwendig sind, die in der Streßatmosphäre eines Spielkasinos schwer erreichbar sein dürften. Vor allem am Anfang wurden seine Ergebnisse stark durch Veränderungen der Testbegleitumstände – und auch durch die Gegenwart von anderen – beeinträchtigt.

Nach insgesamt 5000 Stunden des Übens und Experimentierens formulierte O'Donnell seine Theorie des »*Future Memory*« auf der Grundlage, daß das menschliche Gedächtnis in Wirklichkeit symmetrisch sei. Das Erfassen der Zukunft nennt er folgerichtig nicht Präkognition, sondern *Pre-Call* (»vorauserinnern«, im Gegensatz zu *recall* = sich erinnern).

Grafisch läßt sich das symmetrische Gedächtnis so darstellen:

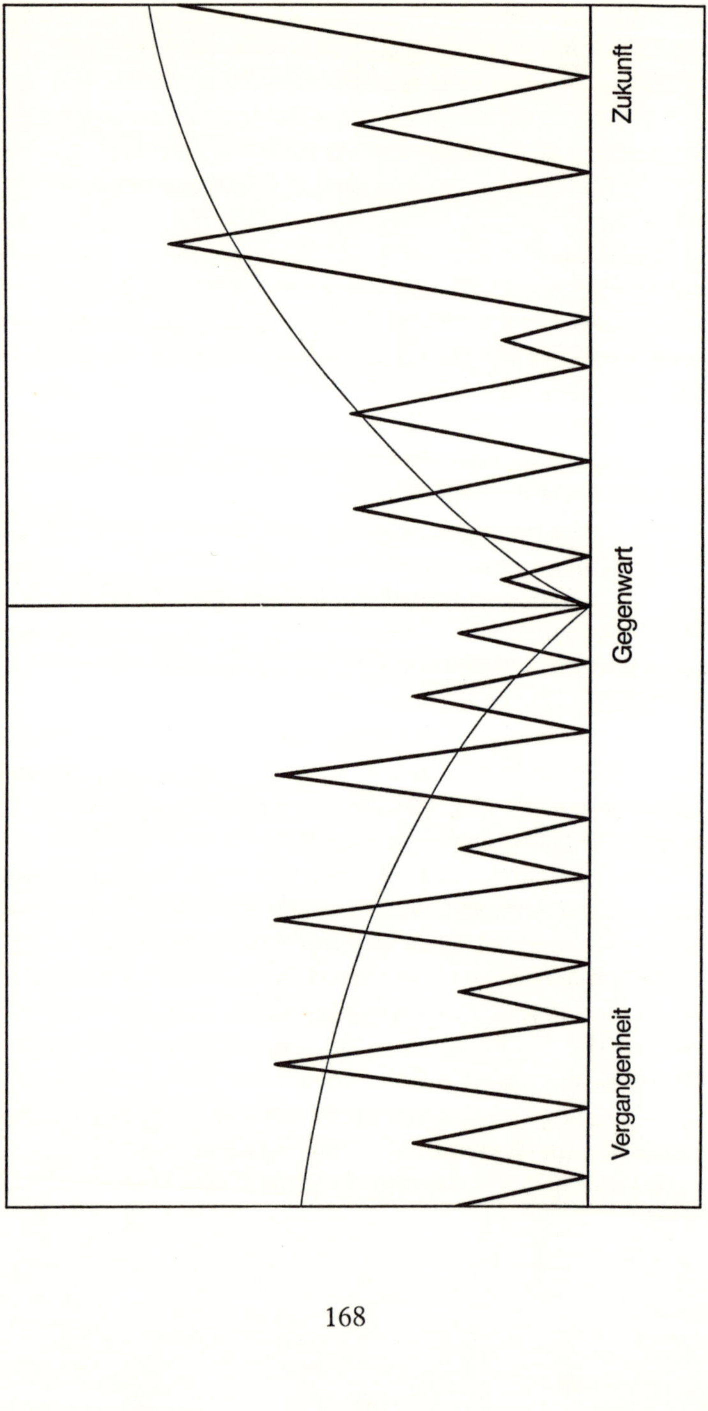
Zukunft
Gegenwart
Vergangenheit

Die kleinen und großen Gipfel stellen die Ereignisse in Vergangenheit und Zukunft dar. Die größeren haben persönliche Bedeutung und wahrscheinlich emotionale Qualität. Die Kurve unseres Bewußtseins ist gekrümmt und läßt die unbedeutenden Ereignisse unter die Gedächtnisschwelle sinken, je länger sie zeitlich zurück- oder vorausliegen. Die Kurve ist auf der Zukunftsseite wesentlich steiler, kann aber durch Übung abgeflacht werden, so daß die Vorauserinnerung mehr und mehr dem Rückerinnern ähnlich wird.

O'Donnell betont, daß man zum *Pre-Call* keine besondere paranormale Begabung benötigt. Jeder könne diese Fähigkeit erwerben, vorausgesetzt, er sei bereit, sie einzuüben, wie man auch die Beherrschung eines Musikinstruments erst durch Übung erreiche. 10 Stunden (bei Entspannung der anderen Sinne) geben schon gute Anhaltspunkte; 100 Stunden verleihen ein nennenswertes, wenn auch noch begrenztes Geschick. Man sollte es durch tägliches Üben weiter ausbilden und nicht einrosten lassen.

Das vierdimensionale Kontinuum (nach Einstein-Minkowski) hat acht Richtungen. O'Donnell hält es für widersprüchlich, daß man alle acht in Gleichungen einbeziehen, aber angeblich nur in sieben Richtungen denken kann und daß die achte versperrt sei. Er glaubt, daß die gängigen Theorien über die Zeit angesichts seines empirischen Beweismaterials wohl oder übel revidiert werden müssen. Auch er gibt freilich zu, daß die Beziehungen zwischen Bewußtsein und Gedächtnis noch lange nicht genügend geklärt sind.

Und hier liegt der Hase im Pfeffer. Man kann einwenden, daß die Vergangenheit dem rationalen, die Zukunft aber dem psychischen Bewußtsein offenliege und außerdem in die noch geschehende Kausalität verstrickt sei. Beachtenswert ist auch, daß Hypnotisierte zwar in die tiefsten Schächte der Vergangenheit, aber nur sehr selten in die Zukunft blicken können. Das läßt vermuten, daß eine andere, höhere, nicht von den normalen Gedächtnisfunktionen des Gehirns abhängige Fähigkeit im Spiel ist.

Doch das mindert nicht die Bedeutung der Arbeit des irischen Forschers, der schon allein deshalb besondere Anerkennung verdient, weil er im Gegensatz zu vielen anderen Parapsychologen erst einmal gründlich mit sich selbst experimentierte.

Kapitel 18
Gespräch mit einem Mystiker

Ich sitze am Kamin eines antiquierten, aber behaglichen Hauses auf dem Kamm einer Hügelkette an der englischen Westküste. Vom Fenster reicht der Blick durch einen verwilderten Park mit alten Bäumen, über Pferdekoppeln und abfallende Wiesen bis zum Meer, das weit drüben im Licht der blassen Herbstsonne schimmert und aufblitzt. Der starke Westwind vom Atlantik treibt die Wolken schnell wie Rennpferde am Himmel entlang. Ich nehme das Bild genießerisch in mich auf. Bewegung und Ruhe ergänzen sich hier zur Harmonie, als habe ein Künstler sie zu einem Bilde komponiert.

William Arkle, der Hausherr, *ist* Künstler. Sein Malstil und seine musikalischen Kompositionen sind freilich von einer ganz ungewöhnlichen Art. Er bringt in ihnen zum Ausdruck, was er als Mystiker empfindet. Viele seiner Bilder tragen, wie durch eine »Doppelbelichtung« aufgetragen, das Antlitz des Schöpfers über den Dingen der Erde. Seine Landschaften scheinen von einem überirdischen Spektrallicht angestrahlt zu sein.

Früher einmal hielt ein Mönchsorden in diesem Hause Seminare ab. Die Mönche bauten auch eine kleine hölzerne Kirche, in der Arkles Bilder jetzt hängen. Hier steht auch sein Konzertflügel.

Ich habe William Arkle aufgesucht, weil ich mich nicht restlos zufrieden geben will mit Aussagen aus zweiter Hand, wenn es um so entscheidende Dinge wie unser Schicksal, um den Sinn unseres Lebens geht. Der Darstellung aus vornehmlich östlichen oder medialen Quellen möchte ich hinzufügen, was ein westlicher Mystiker zu sagen hat, der meiner eigenen Generation angehört und ganz bestimmt nicht lebensfremd ist. Arkle war Ingenieur in der britischen Kriegsmarine, bevor er zur Kunstakademie ging und sich seiner heutigen Aufgabe zuwandte.

Man spürt schon nach den ersten Sätzen, daß Arkles Meinungen nicht »angelesen«, sondern das Produkt geistiger Schau sind. Das Wort geistig paßt zu ihm im reinsten Sinne, nicht aber der Begriff »religiös«. Sein bisher einziges Buch ist anspruchsvolle, aber ganz und gar moderne Lektüre.[1] Er sucht zu ergründen, was Bewußtsein ist; Theologenstreit interessiert ihn nicht. Was er sagt, geschieht mit Zurückhaltung und ohne eine Spur der Selbstgefälligkeit; dennoch spürt man, daß Erfahrungswissen dahintersteht.

Ich bitte ihn um seine Definition des Karmabegriffs.

»Stellen Sie sich eine Harfe vor. Sie entspricht der Bewußtheit unserer Seele. Aber es fehlen einige Saiten darin, oder wir haben die Saiten nicht benutzt. Karma ist allein dazu da, diese Saiten nachzubilden oder zum Klingen zu bringen.

Daraus geht schon hervor, daß Karma niemals Bestrafung ist. Es ist völlig falsch, es so darzustellen. Es ist vielmehr ein Lehrmittel. Wenn es schmerzlich ist, dann hat das immer einen Zweck: es soll uns auf etwas hinweisen, das unsere Seele noch zu lernen hat. Wenn wir dereinst zurückblicken, werden wir erkennen, daß das, was uns heute Pein bereitet, notwendig, ja unendlich kostbar für uns gewesen ist.

Wir sollten also nicht versuchen, unser Karma abzuschütteln. Das wäre sowieso sinnlos, denn es würde uns dann nur erneut in anderer Form präsentiert. Wir sollten aber aktiv mit ihm und in ihm leben und es damit bewältigen.«

Gibt es auch kollektives Karma?

»Ja, durchaus. Um beim Vergleich mit der Harfe zu bleiben: Wenn einer kleinen oder größeren Zahl von Menschen dieselbe Saite fehlt, dann haben sie denselben Nachholbedarf und können am gleichen Gruppenkarma teilnehmen. Aber sie bilden deshalb noch keine Gruppenseele.«

Ich schildere Bill Arkle den Bildvergleich des Baumes mit den verschiedenen sich inkarnierenden Ästen und bitte ihn um seine Meinung.

»Es ist richtig, daß jeder Mensch zu einer Überseele *(oversoul)* gehört. Ich selbst würde statt des Baumes aber ein anderes Bild wählen: Vom Schöpfer gehen hohe Geistesseelen aus, diese verzweigen sich in eine größere Zahl auf nächstniederer Ebene; diese wiederum in noch größerer Zahl und so weiter, bis wir bei der individuellen Überseele sind. Diese inkarniert sich in Einzelpersönlichkeiten. Diese können hundert und noch mehr zählen.«

Erfolgt das zeitlich nacheinander?

»Das hängt völlig von den Notwendigkeiten der Überseele ab. Die Inkarnationen können zeitlich nacheinander, aber gelegentlich auch miteinander existieren oder sich überlappen. Manchmal kommt es vor, daß eine Überseele einen großen Teil ihrer Selbst inkarniert, ein anderes Mal sind die Abstände sehr groß. Die einzelnen Persönlichkeiten nehmen auf geistiger Ebene an den Erfahrungen aller anderen teil. Die *Oversoul* erhält ständiges ›feedback‹ von den inkarnierten Selbsten. Sie weiß, welche Erfahrungen sie noch braucht, und der über ihr stehende Geist hilft ihr, die richtigen Inkarnationen zu finden.«

Ich möchte wissen, ob Bill Arkle an andere hohe Geisteswesen glaubt, die nicht zur Erde müssen. Dabei erwähne ich meine Verwunderung darüber, daß sogar ein Physiker wie Professor Raynor Johnson von »hohen Wesen« spricht, die unsere Zukunft mit gestalten.

»Gewiß gibt es diese, es sind Gottesgeschöpfe, die nicht den Weg über die Erde zu gehen brauchen. Sie strahlen die Liebe des Schöpfers zu uns herunter, aber gelegentlich inkarniert sich auch ein solches Wesen, um eine bestimmte Aufgabe als Lehrer der Menschheit zu erfüllen. Dann kann es vorkommen, daß er trotz seiner inneren Größe beim Lernen und Anwenden menschlicher Tugenden wie Geduld, Mitleid, Ergebung usw. arge Schwierigkeiten hat. Dort, wo er herkommt, gibt es diese Dinge nicht, einfach weil keine Notwendigkeit dafür besteht.

Daraus erhellt auch, warum eine Seele sich oft nur durch erneute Inkarnationen wirklich entwickelt, denn sie würde es nicht tun, hätte sie nicht Widerstand zu überwinden. Manchmal wundern wir uns darüber, daß ein Mensch schon in jungen Jahren große geistige und künstlerische Reife erreicht. Dann ist seine Entwicklung zugleich Erinnerung: er erwirbt sich, was er schon in einem früheren Leben erreicht hatte, und baut darauf auf.«

Spielen dabei die Gestirne eine Rolle?

»Die Bewegung der Planeten ist ein Indikator dafür, wie der Schöpfer seine Absichten zu verwirklichen plant. Die Astrologie nennt die Bezugrahmen, die Tonart, in der die Musik gespielt werden soll. Wenn man das Leben als eine Schule betrachtet, dann ist die Astrologie das Wissen darum, wie man den Lehrplan des Rektors zu lesen hat. In diesem Lehrplan steht nun natürlich nicht jede Einzelheit des Unterrichts; aber wenn man den bisherigen Lehrstoff einer Klasse und ihr Verhalten in der Umwelt kennt, kann man mit einiger Sicherheit sagen, wie sie auf die vorgesehenen Lektionen reagieren wird.«

Ich möchte es noch genauer wissen. Wer sorgt dafür, daß die Lektionen des Lehrplans uns auch wirklich präsentiert werden?

»Auch das tun Wesen im Universum, die nicht zur materiellen Schöpfung gehören. Ihre besondere Aufgabe ist es, Informationen über die Zukunft in sich aufzunehmen, so wie sie bereits das Vergangene in sich aufgenommen haben. Sie haben die Funktion von Computergedächtnissen. Hohe Geistseelen können die gewünschten Informationen von ihnen ›abrufen‹. Die schöpferischen Kräfte werden auf diese Weise fortlaufend mit allem für sie Wissenswerten versorgt.

Das *higher mind** eines Menschen arbeitet auf seiner eigenen Ebene ganz ähnlich. Es hat unbegrenzte Speicherkapazität und kann die daraus entstehenden Zukunftswahrscheinlichkeiten in einer Weise berechnen, die wir intellektuell nicht mehr zu begreifen vermögen. Es berücksichtigt dabei eben auch die dynamischen Strömungen im Kosmos. Darum kann und wird sich ein Mensch nur dann außerhalb eines bestimmten Ereignisstromes stellen, wenn sein hoher Geist dies bereits beschlossen hat.«

Ich schildere Bill Arkle einen Fall aus einem meiner früheren Bücher: Ein Österreicher hatte morgens beim Erwachen die Vision einer Operationsschwester gehabt, die sich gerade eine Atemmaske umbindet. Unheil ahnend, war er deswegen den ganzen Tag im Hause geblieben. Am Abend rutschte er mit einem scharfen Messer aus, verletzte sich erheblich und mußte ins Krankenhaus gefahren werden. Als er in den OP-Raum gebracht wurde, trat eben jene Schwester, die er am Morgen gesehen hatte, durch die andere Tür und band sich sogleich die Maske vor. *Bedeutet das Vorbestimmung?*

»Raum und Zeit sind Teile der Schöpfung; sie gelten nur dort, wo sie gebraucht werden. Das höhere Selbst kann intuitives Wissen aus Ebenen aufnehmen, die mit der logischen Kausalwelt nichts zu tun haben. Auf verschiedenen Ebenen der Raum/Zeit-Welt sehen die Dinge völlig verschieden aus. Die ›Dichte‹ der Zeit wird geringer, je höher unser Bewußtsein steigt.

Ich sehe den genannten Unfall nicht vom Aspekt des Unentrinnbaren her, sondern als ein Mittel, das das höhere

* Etwa: Geistseele, hoher Geist (über dem Verstand).

Selbst bewußt ausgesucht hat, weil es aus irgendeinem uns verborgenen Grunde gerade diese Erfahrung braucht. Vielleicht hat das Selbst etwas zu lernen, das ihm nur eine ganz bestimmte andere Seele, sei es der Arzt, die Schwester oder ein Mitpatient, vermitteln kann. Es sucht und findet diese Seele und sorgt dann dafür, auf welchem Wege auch immer, daß es diese Erfahrung bekommt.

Wir müssen uns immer vergegenwärtigen, daß unser höheres Selbst fast unbegrenzte Fähigkeiten des Analysierens und Suchens hat. Es vermag in der Gegenwart vorhandene Gegebenheiten blitzschnell zu einer Wahrscheinlichkeit in der Zukunft zu kombinieren und uns dann auf diese hinzusteuern. Diese mag in der Praxis dann schmerzhaft sein; aber wir selbst haben sie gewählt, weil sie unserer Entwicklung hilft.«

Kennt unser höheres Selbst also den Zweck unseres Lebens?

»Ja, aber das bedeutet leider noch lange nicht, daß unser Ich sich dieses Wissen aneignet und danach handelt. In den Menschen leben alle möglichen ›falschen Persönlichkeiten‹ und Schablonen, aber gleichzeitig auch höhere Bewußtseinsformen. Mehrere von den unseren beispielsweise sind in diesem Augenblick tätig, während wir zusammen sprechen.

Der Zweck unseres Lebens liegt darin, daß wir uns von einer geringeren zu einer höheren Bewußtseinsstufe entwikkeln müssen, um dem Wesen des Schöpfers ähnlicher zu werden. Wenn wir dabei Schwierigkeiten und Schmerzen überwinden müssen, haben diese immer ihren Grund. Wir sollten versuchen, uns in solchen Augenblicken zu fragen, ob wir nicht versäumt haben, eine bestimmte Lektion zu lernen. Tun wir das nicht, wird sie uns immer wieder zu lernen gegeben. Wir müssen lernen, aus tiefstem Begreifen zu handeln.«

Kapitel 19
Sterbeberichte: Wahn oder Wahrheit?

In den Jahren seit 1976 haben die von dem amerikanischen Mediziner Dr. Raymond Moody veröffentlichten Bücher über Sterbeerlebnisse ungewöhnlich hohe Auflagenziffern erreicht. Warum plötzlich dieses große Interesse an einem Thema, das man in der Öffentlichkeit bis dahin beiseite zu schieben gewohnt war?

Der Grund liegt zweifellos darin, daß sehr viele Menschen bewußt oder unbewußt darauf gewartet haben, in einfacher, direkter, unkomplizierter Sprache Antwort auf die Frage zu erhalten: »Leben wir nach dem Tode weiter?«

Vor Moody hatten schon andere Ärzte, vor allem die Schweizer-Amerikanerin Dr. med. Elisabeth Kuebler-Ross und der Schwede Dr. Werner Duvernoy ähnliche Fallsammlungen veröffentlicht; nach Moody folgten andere.

Der Damm war gebrochen, und weggeschwemmt war damit auch etwas von dem Tabu, das unsere Gesellschaft über Sterben und Tod ausgebreitet hatte.

Natürlich ließen die Gegenstimmen nicht auf sich warten. Moody hatte schließlich »nur« vom Sterben berichtet. Waren sie nicht alle wieder zurückgekehrt, waren es nicht nur »subjektive« Erlebnisse, durch die Menschen im Koma des klinischen, aber eben noch nicht völligen Todes hindurchgegangen waren, wie man durch einen Fieberwahn hindurchgeht?

Das deutsche Para-Magazin *Esotera*, obwohl anderer Meinung, zählte die Gegenhypothesen der Mediziner auf: Man postulierte vor allem drogenrauschähnliche Effekte, die durch Sauerstoffmangel im Gehirn ausgelöst würden, aber auch »plötzliche Hormonschübe mit Auswirkungen auf die Hirntätigkeit« oder eine automatische seelische Abwehrreaktion in Form eines »Totstell«-Reflexes.[1]

Amerikanische Schulpsychologen erfanden eine besonders zynische Gegenhypothese. Die fast übereinstimmend berichteten Glücksgefühle der klinisch Toten, die Begegnung mit vorangegangenen nahen Verwandten oder mit Lichtwesen waren für die psychologische Zunft »Disneyland-Erlebnisse«. Auf die Meinung des Publikums blieb diese akademische Schwefelsäure freilich ohne jede Wirkung. Die »Sterbe-Bücher« blieben Bestseller.

Man hat Moody den Vorwurf gemacht, er gaukele seinen Lesern mit unzureichenden Beweisen ein falsches Paradies vor, er »verkaufe« das Sterben wie einen Konsumartikel, er lenke die Menschen von der Notwendigkeit ab, das Diesseits zu bewältigen, ja begünstige bei manchen vielleicht sogar einen Selbstmordgedanken.

Wäre dem so, so wären die Warnungen berechtigt. Wenn Moody und andere weiter nichts täten, als uns denken zu lassen, wie schön das Sterben sei, hätten die Kritiker recht. Es ist aber kaum anzunehmen, daß das Aufsehen um diese Bücher und Berichte (die durchaus nicht die ersten ihrer Art waren) so überwältigend gewesen wäre, wenn sie nur das psychologische Narkotikum der Sterbe-Euphorie versprochen hätten. Spürten nicht vielmehr die Menschen, daß ihnen hier zum erstenmal in einer für sie begreifbaren Form die Wahrscheinlichkeit des Todesüberlebens demonstriert worden war?

Einen wirklichen Wert hat die Welle der »Sterbeberichte« nur dann gehabt, wenn den Lesern die Augen dafür geöffnet worden sind, daß ihr Leben nicht dem Einschalten oder Erlöschen einer Lampe gleicht, sondern daß diese immer leuchtet: vor der Geburt wie nach dem Tode.

In der Tat sind reduktionistische, intellektualisierende Versuche zur »Erklärung« dieser Erlebnisse ganz einfach untauglich. Ihr wirklicher Charakter kann nur von denen bewertet werden, die sie selber gehabt haben, er läßt sich nur sehr schwer an andere vermitteln. Bezeichnenderweise ist der Eindruck des Erlebnisses fast immer so überwältigend, daß die Betreffenden von diesem Augenblick an keinerlei Zweifel mehr am Fortleben nach dem Tode haben.

Die Psychologen müßten eigentlich wissen, daß von Halluzinationen keine solche anhaltende Überzeugungskraft ausgeht.

Hinzu kommt die Erfahrung der Projektion des Bewußtseins nach außerhalb des physischen Körpers, den der klinisch Tote oder Narkotisierte häufig unter sich liegen sieht. Auch das läßt sich nicht als »Wunscherlebnis« bagatellisieren. Die Menschen können sich so etwas schwerlich wünschen, wenn sie noch nie zuvor davon gehört haben.

Der Schweizer Architekt Stefan von Jankovich, dessen Erlebnis der Verfasser an anderer Stelle beschrieben hat*, verfolgte die ärztlichen Bemühungen um seinen bei einem Autounfall schwer verletzten, bewußtlosen Körper mit größter Genauigkeit, aber *zugleich* sah er einen »vierdimensionalen« Film seines eigenen Lebens vor seinen Augen ablaufen, »wobei alle meine Gefühle und Gedanken wieder reproduziert wurden«.

Auch diese Erfahrung ist in Todessituationen sehr häufig. Sie verläuft neben dem Erleben des am Unfallort Geschehenden von einem »außerkörperlichen« Standort her und zur gleichen Zeit. Will man das eine als gesteigerte Wahrnehmung und das andere, gleichzeitig Geschehende als »drogenrauschähnlichen Effekt« bezeichnen?

Gut, es bleibt immer »nur« ein Indizienbeweis. Aber es ist von größter Bedeutung, daß die Indizien in ihrer Gesamtheit dem Todesüberleben eine sehr hohe Wahrscheinlichkeit geben, um nicht zu sagen, völlig zur subjektiven Überzeugung ausreichen. Moody selbst, der sein Material ja ohne Anspruch auf Beweisfähigkeit wissenschaftlich neutral vorlegte, erklärte

* Andreas/Kilian: Die Phantastische Wissenschaft, Econ 1973.

später, nach seinem Standpunkt befragt: »Subjektiv gesehen glaube ich an ein Überleben des Todes.«

Der durch seine Reinkarnationsforschung inzwischen in der ganzen Welt bekannte und wegen seiner Umsicht und wissenschaftlichen Sorgfalt hoch angesehene Dr. Ian Stevenson will sich jetzt in gleicher Weise mit der Frage des Todesüberlebens befassen. Niemand wird der Thanatologie* danach noch die Respektabilität absprechen können.

Krankenhausärzte sind gewöhnlich aufgeschlossener gegenüber OOB- und Sterbeerlebnissen als andere Angehörige des Mediziner- und Psychologenstandes. Sie stehen der Praxis näher!

Chefarzt Dr. Paul Becker vom St.-Vincenz-Krankenhaus in Limburg an der Lahn berichtete[2] von einem Patienten, den er nach einem Herzinfarkt mit Hilfe von Massagen, Elektrostimulation und künstlicher Beatmung wiederbelebt hatte. »Er hat mir ganz genau wiedergegeben, was wir mit ihm gemacht haben. Und zwar hat er mich nicht vor seinem Bett stehen sehen, sondern er hat mich von oben her gesehen, so als würde er irgendwo an der Decke schweben...«

In der parapsychologischen Literatur findet man Hunderte von Aussagen von Patienten, die während einer Narkose mit ihrem Ichbewußtsein den Körper verließen und plötzlich an der Decke des OP-Raumes zu schweben schienen. Ihre Sinnesfunktionen hatten sie dorthin »mitgenommen«, denn sie konnten aus der Vogelperspektive Ärzte und Schwestern an ihrem Körper arbeiten sehen und alles genau verfolgen. Manchmal schildern solche Patienten anschließend den verdutzten Chirurgen das Geschehene; häufiger aber ziehen sie es vor, zu schweigen.

Die Mitzeugenschaft der Narkotisierten kann manchmal komische Peinlichkeit annehmen, da die dermaßen aus ihrem Körper ausgetretenen nicht nur sehen, sondern auch hören!

So schilderte Dr. O., leitender Chirurg am Lennox Hill Hos-

* Die Kunde vom Sterben (nach *Thanatos,* griechischer Gott des Todes und Bruder von *Hypnos,* dem Gott des Schlafs).

pital in New York, wie er sich mit Flüchen abreagierte, weil ein bestimmtes Instrument nicht verfügbar war. Der Patient lag bereits in tiefer Bewußtlosigkeit. Dr. O. zog Handschuhe und Kittel aus und stürmte auf den Gang, um dort aus seiner Tasche das gewünschte Instrument zu holen und es schnell sterilisieren zu lassen. Die Operation verlief erfolgreich. Anschließend aber stellte ihn sein Patient, ein Geistlicher, scherzend zur Rede: es sei doch ein bißchen ungehörig, in Gegenwart des Pastors zu fluchen.

Der Gottesmann hatte nicht nur alles gehört, was Arzt, Anästhesist und Schwestern während der Operation sagten; er schilderte sogar, wie er – in seinem »Feinstoffkörper« – Dr. O. auf den Gang hinaus gefolgt war, als dieser das Instrument suchte!

Da viele Chirurgen nicht anders können, als die Spannungen, die bei ihrer Arbeit auftreten, mit kräftiger Sprache abzureagieren, sollte man Patienten vor der Narkose vielleicht unterschreiben lassen, daß sie auf eigenes Risiko mithören...

Aber der Wert solcher und ähnlicher Erlebnisse ist alles andere als nur anekdotisch: Hier berichten Chirurgen, also Angehörige eines Berufsstandes, der nicht in dem Ruf steht, zu spintisieren, über Vorgänge, die beinahe zwingend auf die Existenz eines zweiten Körpers – den sogenannten »Feinstoffkörper« – hinweisen. Der Geistliche beispielsweise bekräftigte, daß er »voll bewegungsfähig« gewesen sei. Er besaß also ein separates Körpergefühl.

Diese Erlebnisse verlaufen noch im dreidimensionalen Raum. Auch Patienten, die durch einen Schock, etwa bei einem Unfall, plötzlich aus dem Körper gestoßen werden, sehen und hören weiterhin, was um sie herum vorgeht. Sie sehen womöglich ihren eigenen leblosen Körper am Straßenrand liegen, hören jemanden sagen: »Er ist tot«, erschrecken darüber und werden dadurch schnell wieder in ihren schmerzenden Leib zurückgezogen. Oder sie sehen, wie von Jankovich, bereits Szenen aus dem »Film« ihres Lebens – in rückwärtiger Folge mit der Gegenwart beginnend in die Vergangenheit.

Sie sind an der Schwelle des 4-D-Raums. Sie sehen und hören, *werden* aber nicht mehr gesehen und gehört, so sehr sie auch versuchen, sich bemerkbar zu machen. Sie durchdringen Türen und Wände, als seien diese nicht vorhanden. Sie stellen erschüttert fest, daß sie Geistwesen sind, obwohl sie nicht tot sind, denn sie können ja noch in ihren Körper zurück.

Das irdische Zeitmaß ist für sie schon nicht mehr gültig. Aus dem Körper Gestoßene, besonders wenn sie bereits geistige Schwellenerlebnisse haben, können die wenigen Sekunden oder Minuten ihres klinischen Todes wie Tage und Wochen empfinden. Dort, wo sie bewußtseinsmäßig sind, verstreicht die Zeit schneller. Sagt die Überlieferung *deshalb,* im Jenseits seien hundert Jahre wie ein Tag?

Das Überschreiten der Schwelle kann auf zweierlei Weise geschehen. Zum einen kann ein reines OOB-Erlebnis vorliegen. Der Betreffende tritt im Schlaf – seltener auch im Wachzustand – mit seinem Feinstoffkörper nicht in die 3-D-Welt, sondern in eine »astrale« Umwelt. Robert A. Monroe hat den Unterschied sehr plastisch beschrieben: Auf seinen OOB-Reisen durch die 3-D-Welt konnte er noch Telegraphenmasten und Häuser wahrnehmen. In der astralen Dimension war keine Erdoberfläche mehr vorhanden. Ihre Bewohner bestanden aus geistigen Wesen, vielleicht auch aus »Fabelwesen«, die das kollektive Unbewußte der Menschen im wahrsten Sinne des Wortes geschaffen hatte – auf dieser, nicht auf der 3-D-Ebene!

Esoterische Lehren besagen, daß jeder Mensch im Tiefschlaf in geringem oder auch größerem Umfang »Astralreisen« im OOB-Zustand unternimmt, wobei freilich sein Bewußtsein individuell ganz unterschiedlich sein kann. Er kann die Astralreise in einen Traum »eingliedern«, an den er sich dann meist nicht erinnern kann, oder kann sie schlafend, aber dennoch bewußt erleben.

Das Sterbeerlebnis ist anders. Der Erfahrende hat nicht mehr das Gefühl, zu *reisen.* Er gleitet vielmehr in einen neuen Daseinszustand. Oft gelangt er durch einen langen »Tunnel« in das Licht, das er als Essenz einer absolut realen neuen Umwelt empfindet. Maßgeblich ist das völlig veränderte Ichbewußtsein, das Gefühl unendlichen Friedens, der Schwerelosigkeit, aber womöglich auch das aufwühlende Erleben der ersten Filmszenen des zurückliegenden eigenen Lebens.

Krankenschwestern und Pflegerinnen, die viele Menschen sterben sahen, wissen oft von Aussagen in den letzten Stunden zu berichten, die mit den von Moody gesammelten übereinstimmen, *ohne* daß die Patienten zurückkehrten. Das gilt besonders für die Begegnung mit Verwandten oder »Lichtwesen«.

Gleiches berichten Patienten mit terminalen Krebserkrankungen, die am Maryland Psychiatric Research Centre in den USA mit Hilfe von LSD und unter kundiger Führung ausgebildeter Ärzte Sterbehilfe erhalten (ein Begriff, von dem man dringend hoffen muß, daß er niemals für kommerzielle Zwecke eingespannt werden wird). Auch hier die Erfahrung des sich außerhalb des eigenen Körper-Befindens, der Zeitlosigkeit, der Versöhnung, des tiefen Begreifens. Die genau dosierte LSD-Gabe wirkt *nicht* als Halluzinogen, sondern nur als Katalysator der Erfahrungen. Die Patienten werden dazu geführt, das Sterben als einen natürlichen Übergang zu akzeptieren.

In den Vereinigten Staaten hat sich die *Psychical Research Foundation Inc.* (PRF) in Durham/North Carolina, der ehemaligen Wirkungsstätte von Professor J.B. Rhine, zu einem Sammelbecken für die Überlebensforschung *(survival research)* entwickelt. Die dort von William G. Roll herausgegebene Zeitschrift »*Theta*«* widmet sich ausschließlich diesem Gebiet; ihre Aufmerksamkeit gilt unter anderem auch den ethischen Fragen, denen sich Ärzte gegenübersehen, wenn sie darüber entscheiden sollen, ob und wie lange die Lebensfunktionen eines ohne künstliche Hilfen nicht mehr lebensfähigen Menschen aufrechterhalten werden sollen.

Wir sprachen von einer Schwelle, die beim Sterbevorgang überschritten wird, bevor bestimmte Erlebnisse einsetzen.

* Der griechische Buchstabe steht als Symbol für »Thanatologie«.

Viele der Wiederbelebten sprechen nun außerdem von einer »Schranke«, einem Punkt, an dem sie nicht weiter durften, ja geradezu »zurückgeschickt« wurden, weil ihre Zeit noch nicht abgelaufen sei. Dieser Punkt des »Bis hierher und nicht weiter« wird manchmal sogar im LSD-Experiment erfahren; so spricht der amerikanische Arzt Dr. John C. Lilly, der sich unter Führung eines erfahrenen Therapeuten einem Selbstexperiment unterzog, von zwei »Lichtwesen«, die an der unsichtbaren Schranke gestanden hätten; es sei ihm unmöglich gewesen, sich ihnen mehr als auf eine bestimmte Distanz zu nähern.[4]

Die oft berichtete Erfahrung, daß verstorbene Verwandte an dieser Schranke stehen, spricht ebenfalls dagegen, daß es sich dabei um wunschbezogene Halluzinationen handelt, denn der Wunsch des Sterbenden motiviert ihn viel eher im genau entgegengesetzten Sinne: Er will freudig empfangen und aufgenommen werden, nicht zurückgeschickt!

Schon vor Moody war es Dr. Karlis Osis, dem Forschungsdirektor der *American Society for Psychical Research* (ASPR), gelungen, durch Befragen von Ärzten und Krankenschwestern wertneutrale Aussagen über Sterbeerlebnisse von Patienten zu erhalten. Zwei Umfragen zwischen 1959 und 1964 in den USA ergaben, daß den Erlebnissen augenscheinlich keine medizinischen Faktoren zugrunde lagen, die erfahrungsgemäß Halluzinationen auslösen (hohes Fieber, Gehirnschaden, Urämie etc.). Osis' Statistik, die sich auf einen 16seitigen Fragebogen stützt, ist aufschlußreich: Die Mehrzahl der Sterbeerlebnisse dauerte zwischen einer Sekunde und fünf Minuten. Die weitaus große Mehrzahl der während dieses Zustandes gesehenen Personen waren verstorbene Verwandte. Die emotionale Reaktion der Sterbenden war überwiegend positiv.

Um festzustellen, ob bei den Erscheinungen nicht religiöse Vorstellungen Pate gestanden hatten, unternahm Osis später zusammen mit Prof. E. Haraldsson eine Vergleichsumfrage bei der gleichen Zahl von Ärzten und Krankenschwestern (etwa 450) in Indien. Sie brachte praktisch die gleichen Ergebnisse; bei den Indern war der Prozentsatz der »Lichtwesen« etwas höher; auch gab es dort mehr negative emotionale Reaktionen.*

Da es sehr nahe liegt, anzunehmen, daß der mit Sinnesfunktionen, Intelligenz und Gedächtnis ausgestattete Feinstoffkörper ständig ohne den physischen Körper weiterlebt, wenn er dazu im OOB-Zustand bereits zeitweise in der Lage ist, ist die OOB-Forschung von so grundlegender Bedeutung.

Osis, Roll und ihre Kollegen konzentrieren sich deshalb darauf, die Realität des Feinstoffkörpers im Laborexperiment nachzuweisen.

Ein von Osis bei Arbeiten für die Amerikanische Parapsychologische Gesellschaft ersonnenes Experiment erhielt die Kennmarke »Tauchbecken«: In einem abgeschirmten Raum wurde ein Gegenstand aufgehängt, der mit hochsensiblen Meßgeräten verbunden war. Die Versuchsperson wurde nun aufgefordert, im OOB-Zustand in diesen Raum »einzutauchen« und den Gegenstand zu bewegen.

Nur in einem Fall schlug der Schreiber des Aufzeichnungsgerätes kräftig aus. Aber das konnte auch Psychokinese gewesen sein! So war es vielleicht besser, eine Anordnung zu schaffen, bei der nichts verändert, sondern nur beobachtet werden mußte. Dann allerdings konnte es leicht auch »nur« Hellsehen gewesen sein... Man mußte dieses also auszuschließen versuchen.

Osis baute zu diesem Zweck »Zielscheiben«, die an einer Stelle durch ein (durch einen Zufallsgenerator ausgewähltes) optisches Symbol markiert waren. Dieses Symbol war nur durch ein Guckloch von einer ganz bestimmten Stelle des Labors zu erkennen. Die Stelle wurde mit einem großen X gekennzeichnet. Wer das Symbol sehen wollte, mußte an genau dieser Stelle Aufstellung nehmen – in welchem Körper auch immer!

Die Teilnehmer des Experiments – man hatte durch Anzeige

* Die Erwartungen des an den Reinkarnationsglauben verhafteten Inders sind weniger auf ein individuelles Todesüberleben fixiert als beim Christen. Dies könnte der Grund für die unterschiedlichen Reaktionen sein.

um Freiwillige gebeten – wurden nun zu genau vorausbestimmten Zeiten zum »*Fly-In*« – in ihrem OOB-Körper – in das Labor bestellt. Sie mußten sich also zu Hause zur vorgegebenen Zeit auf eine Feinstoffkörperprojektion einstellen.

Die Ergebnisse dieser Versuche waren bisher nicht einheitlich. Am erfolgreichsten als Beobachter im OOB-Zustand war Dr. Alexander Tanous, ein Dozent aus Portland, der mehrere Objekte genau identifizieren konnte. Osis bestellte einmal sogar ein Hellsehmedium ins Labor: es vermochte die »Astralfigur« von Tanous genau zu beschreiben.

Ein anderes Mal war ein Fotograf mit Blitzlicht im Labor. Eine »Fly-In«-Teilnehmerin, die davon jedoch nichts wußte, beschwerte sich am nächsten Tag, es habe ihr im Labor jemand »ins Gesicht geblitzt«. Leider ging ausgerechnet dieser Film verloren; dem Fotografen wurde auf der Heimfahrt die Kamera gestohlen.

In Durham begannen William G. Roll und seine Mitarbeiter inzwischen eine Versuchsreihe mit Tieren. Im Labor wurde ein Käfig eingerichtet, den nacheinander Hamster, Meerschweinchen und Schlangen bewohnten. »Fly-In«-Versuchsperson war der Student Stuart Harary, der sich gemeldet hatte, da er sich bewußt in den OOB-Zustand versetzen konnte.

Die Insassen des Labor-Kleinzoos zeigten sich von Stuarts »Besuchen« jedoch völlig unbeeindruckt. Die Lage änderte sich erst, als man Nager und Reptil fortgeschafft und durch ein Kätzchen ersetzt hatte. Stuart schloß gleich Freundschaft mit ihm und nannte es »Spirit«.

Im Gegensatz zu seinen Vorgängern war »Spirit« mit seinem Labordasein gar nicht zufrieden, miaute kläglich und zeigte große Unruhe. Aber immer, wenn Stuart in den OOB-Zustand trat und sich im Feinstoffkörper in das Labor projizierte, wurde es sofort ruhig. (Man maß die Bewegungen des Tieres daran, wie häufig es eine mit Kreide auf den Boden gezeichnete Feldereinteilung überquerte.)

Das Katzen-Experiment wurde viele Male mit dem gleichen Erfolg wiederholt. »Spirit« schien die Anwesenheit des Feinstoffdoppels von Stuart zu spüren und angenehm zu empfinden. Wenn Stuart sich jedoch nur gedanklich auf das Labor konzentrierte, blieb das Kätzchen ebenso unruhig wie zuvor.

Dies scheint die allgemeine Erfahrung zu bestätigen, daß Hunde und Katzen »Geistkörper« wahrnehmen können.

Man kann das Todesüberleben nicht streng wissenschaftlich beweisen, aber man wird wahrscheinlich eines Tages den Feinstoffkörper demonstrieren können. Und dann folgt aus dem einen praktisch das andere. Bis es soweit ist, braucht dennoch niemand zu meinen, das Fürwahrhalten der Überlebenstatsache sei »bloßer Glaube«. Auch aus Indizien lassen sich vernunftbegründete Meinungen bilden – das lehren unsere Philosophie und die Jurisprudenz. Jeder Mensch hat ein Recht darauf, sich durch sorgfältiges Prüfen des sogenannten »spontanen« Materials ein Urteil zu bilden, das weit mehr ist als nur Glaube.

Zu diesem Spontanmaterial gehören übrigens auch Aussagen von Menschen, die Sterbenden nahestanden. Das PRF-Forscherteam in Durham sammelt deshalb jetzt auch Berichte von besonderen Erlebnissen oder Gefühlen, die Menschen beim Hinübergang eines anderen hatten, zu dem sie eine enge Beziehung verband. Eine erste Übersicht ergab Unerwartetes: »Mehrere dieser Berichte«, heißt es in »Theta«[5], »sprachen von euphorischen, freudvollen Gefühlen, die die Trauernden nicht begreifen konnten. Die herkömmliche Erwartung (des Trauerns) hinderte sie außerdem daran, diese Gefühle anderen mitzuteilen.«

Kapitel 20
Die Grenzgänger

Menschen, die aus dem Zustand des klinischen Todes zurückkehren, berichten häufig, daß sie einen Garten, Hain oder blumenbewachsenen Wiesenhang mit Personen – viele davon ihnen persönlich bekannt – gesehen hätten, daß es ihnen aber nicht möglich gewesen sei, den Eingang des Gartens zu erreichen. Je mehr sie darauf zuschritten, desto weiter entschwand er; oder vielmehr, sie selbst wurden trotz ihrer Schritte nach vorn *rückwärts* gezogen.

Andere dagegen können mit ihren Anverwandten oder »Lichtwesen« sprechen, bis ihnen bedeutet wird, sie müßten zurück. Es ist augenscheinlich, daß es verschiedene Kategorien mit jeweils gleichen oder sehr ähnlichen Erlebnisformen gibt. Dem Seelenkörper, der nur auf Zeit in den Grenzbereich darf, haftet noch etwas an, das der, für den es keine Rückkehr geben wird, schon verloren hat.

Beispiel: Ein Autofahrer wird bei einem Unfall schwer verletzt und in den OOB-Zustand geschleudert. Neben sich sieht er seine Beifahrerin als ätherisches Wesen in die Höhe steigen. Er will ihr folgen, aber eine unsichtbare Sperre hindert ihn daran. Das Mädchen war auf der Stelle getötet worden.

Nur in sehr seltenen Fällen gelingt es, Aussagen von Menschen zu erhalten, die wochen-, monate- und sogar jahrelang im Koma der Bewußtlosigkeit lagen. Es ist schwer, solche Menschen anschließend zum Sprechen zu bringen. Oft blicken sie den Frager nur vielsagend an – und schweigen.

Victor Cleave aus Folkestone schlief eines Abends beim Abendessen ein und erwachte erst vier Jahre später. Alle Versuche, ihn in dieser Zeit zum Leben zurückzuholen, blieben ergebnislos. Die Ärzte rechneten mit seinem Ableben.

Eines Tages öffnete er die Augen. Er hatte sein Gedächtnis verloren. Wußte er auch nicht mehr, wo er in den vier Jahren gewesen war? Victor Cleave wollte darüber nichts sagen. Nach langem Zureden gelang es schließlich einem Geistlichen, ihn zum Sprechen zu bewegen.

»Ich weiß nicht, ob ich wirklich drüben war oder nur träumte. Ich war jedenfalls in einem Land, das Blumen und Bäume trägt, die ich auf der Erde nie gesehen habe ... in dem Lebewesen Paläste und Häuser mit großen Säulen errichtet hatten, Paläste und hohe Häuser, aber in Formen, wie der Mensch sie wohl nie erdacht hat... Um mich herum waren Wesen wie ich. Ich glaube, wir haben Formen gehabt, die den irdischen sehr ähnlich sehen. Aber es geht mir damit wie mit dem Versuch, die Umrisse jener Häuser zu zeichnen – ich bringe es nicht zustande. Ich weiß, wenn ich die Augen schließe, ungefähr noch, wie ich war und die anderen um mich her. Aber wenn ich dies dann beschreiben soll, wenn ich die Augen öffne, um es mit Strichen und Kreisen zu verwirklichen, dann geht es auf einmal nicht mehr.

Ich erinnere mich, daß ich mit Wesen zusammen war, die durch die Dinge hindurchschritten. Das erschien mir anfangs unglaublich, und doch war es so. Je mehr ich darüber nachdenke, um so intensiver wird meine Vorstellung, daß ich selbst auch durch diese Säulen und diese Häuser hindurchgehen konnte – wenn ich wollte.

Ja, jetzt fällt mir ein, einen Zeitbegriff hatte ich nicht in jener anderen Welt. Die Zeit schien nicht zu existieren. Auch sprach man nicht in jener Welt, sondern man dachte nur, was man sagen wollte, und der andere wußte es. Ohne daß mir jemand etwas gesagt hatte, ahnte ich, daß ich auf Wartezeit in der anderen Welt war.

Vielleicht hing mein Hindurchschreiten durch die Häuser

und die Säulen mit dieser Wartefrist zusammen, denn es gab andere, die die Materie, die es dort auf der anderen Seite gab, beherrschten, formen konnten...

Plötzlich versank ich im Boden, als ob sich eine Falltür aufgetan hätte. Ich hörte ein dumpfes Brausen, das immer heller wurde ... in mir erwachte eine schattenhafte Vorstellung davon, daß sich nun hinter mir eine Tür geschlossen hatte ... Ich bekam Urlaub – zurück auf die Erde.

Am schrecklichsten ist für mich die Enttäuschung, wenn ich immer wieder versuche, jene Gebäude drüben auf Papier zu bringen. Es werden nur lächerliche, irdische, platte Gebilde daraus, während drüben alles zu leben und zu atmen schien, in einem Rhythmus, den ich erst zu ahnen begann, als ich zurück mußte.«[1]

Man wird unwillkürlich an Stefan von Jankovichs Erlebnis der Vierdimensionalität erinnert: Man kann sie erleben, aber man kann sie mit irdischen Mitteln nicht darstellen.

»Es ist noch niemand von drüben zurückgekehrt.« Stimmt dieser Klischee-Spruch noch, mit dem sich Unterhaltungen so bequem und schnell beenden lassen? Die Aussagen des Bahnbeamten Victor Cleave machen nachdenklich. Wenn jemand vier Jahre lang nicht in seinem Körperbewußtsein war, hat er zumindest ein Recht darauf, daß man ihm unvoreingenommen zuhört.

Es gibt auf allen Gebieten der Natur Sonderfälle Es gibt Menschen mit sechs Fingern, Rinder mit zwei Köpfen, menschliche Rechen- und Sprachwunder. Hier und dort, aus was für Gründen immer, schlägt die Schöpfung über die Norm, die sie sich sonst setzt. Warum sollte das im Grenzgebiet zum Jenseits nicht so sein? Warum sollte der lange Zeit im Koma Liegende, dessen lebloser Körper fast zwingend auf einen anhaltenden OOB-Zustand deutet, nicht eine jener Ausnahmen sein, die für den Betroffenen eine Wanderung zwischen zwei Welten darstellt?

Mit dem gleichen Recht können wir natürlich auch von der anderen Seite »Besuch« bekommen. Hier soll nicht vom Spiritismus die Rede sein, sondern wiederum von Ausnahmefällen. Beispielsweise von jenen, die den Zurückbleibenden auf der Erde noch irgend etwas zu sagen hatten oder – der Umkehrfall zu Victor Cleave gewissermaßen – die nicht fähig waren, sich »drüben« zu akklimatisieren, weil sie sich geistig noch nicht abgelöst hatten, sich vielleicht gar noch in völliger Ungewißheit über ihr neues Dasein bfälefanden.

Solche Fälle gibt es – viele.

Einer von ihnen war Hauptmann Ernst Röhm, Hitlers »Stabschef der SA«, bevor der Diktator den ihm unbequem gewordenen Sozialrevolutionär in der Nacht des 30. Juni 1934 ermorden ließ.

Röhm kehrte zurück – oder ist es besser, zu sagen, er »blieb da« und meldete sich durch einen Lebenden? Nicht durch irgendeine vielleicht anzweifelbare Medialperson, sondern durch eine hochgebildete, über jeden Verdacht erhabene Frau, die ihre eigenen Gefühle und Reaktionen genau beobachtet und beschrieben hat.

Dr. Gerda Walther war die Tochter eines Arztehepaares. Ihr Vater, ein überzeugter Sozialdemokrat und Humanist, hatte sie nicht taufen lassen.* Sie hatte Philosophie und Psychologie studiert, hatte ausgedehnte literarische und künstlerische Interessen. Mit der Parapsychologie war sie als Assistentin von Frhr. Dr. von Schrenck-Notzing in Berührung gekommen. Ihre Autobiographie[2] weist sie als eine Frau von großer Klugheit und umfassender Bildung aus.

Gerda Walther war kein Medium, jedoch war sie »fühlig«. Sie hatte Vorahnungen und einige unvergeßliche mystische Erlebnisse.

Von Ernst Röhm freilich wußte sie nichts; sie hatte für die Nationalsozialisten nie etwas übrig gehabt. Lediglich im Vorbeigehen hatte sie einmal ein Plakatbild von Röhm gesehen und dabei die Empfindung gehabt: Seine Ausstrahlung ist eigentlich die eines guten Menschen!

* Mit 45 Jahren ließ sich G.W. in die katholische Kirche aufnehmen.

Drei Tage nachdem Röhm und andere SA-Führer ohne Gerichtsverfahren erschossen worden waren, hatte sie plötzlich das Gefühl der gleichen Ausstrahlung. Und innerlich hörte sie die Worte: »Ich bin kein Schuft! Ich habe das Beste gewollt, vielleicht habe ich geirrt. Irren ist menschlich, aber ein Schuft bin ich nicht!«

Gerda Walther dachte nach. Die Ausstrahlung, die Worte paßten auf diesen einen Mann. Sie ging zum Gottesdienst, betete um Frieden für Röhm und seine Kameraden.

Aber Röhm kam wieder. »Voller Ungestüm schien er zu mir zu kommen, als wolle er geistig ganz von mir Besitz ergreifen. Er drängte mich, in die Stadt* zu gehen, zu erfahren, was sich weiter zugetragen, wie sich alles entwickelt hatte...« Röhm wollte mit Gerda Walther geradewegs ins »Braune Haus« gehen, aber sie weigerte sich. »Ich ging so weit, daß er das Gebäude durch meine Augen gut von außen zu sehen vermochte, nachdem er offenbar aufnehmen konnte, was ich ihm durch mein Bewußtsein übermittelte. Dann erklärte ich ihm, daß ich in diesem Haus völlig unbekannt sei und man mich zweifellos in die nächste Irrenanstalt bringen lassen werde, wenn ich seinem Wunsch gemäß hineinginge und womöglich sagte, daß ich in seinem, des ›Verstorbenen‹, Auftrag komme, um mich nach dem weiteren Fortgang der Ereignisse zu erkundigen. Drei Tage lang noch war ich fast wie besessen von seiner starken Gegenwart, ihm zuliebe durchsuchte ich im Cafe ›Stephanie‹ täglich viele in- und ausländische Zeitungen, um zu sehen, ob ich darin irgendwelche Mitteilungen über die wahren Ziele der Erschossenen und das Schicksal der Erhebung entdecken könne...«

Wochen vergingen. Zu Allerheiligen ging Gerda Walther in die Frauenkirche, und wieder spürte sie in ihrem Inneren Ernst Röhm. »Es wurde über den Heldenmut der Märtyrer und das Blut, das sie für ihren Glauben vergossen hatten, gepredigt. Ich fühlte, daß Röhm mit Begeisterung zuhörte. Das war wohl eher

* München.

nach seinem Sinn.« In der Sakristei bat sie den Mesner um eine geweihte Kerze für den Verstorbenen; am nächsten Tag war ihr, »als spüre ich Ernst Röhms große Freude darüber«.

Später lernte Gerda Walther Röhms Schwester kennen und konnte der damals verfemten Familie helfen. Die »Verbindung« zu Ernst Röhm riß erst viele Monate später ab.

Bei einer weniger unbestechlichen, selbstkritischen und kenntnisreichen Zeugin würde man skeptisch sein. Bei Gerda Walther muß diese Schilderung – hier aus der Autobiographie verkürzt wiedergegeben – absolut ernst genommen werden.

Sie läßt erkennen, daß nicht nur wir hinüber-, sondern auch »Grenzgänger« von drüben zu uns herüberwechseln können. Der Grund dafür ist bei Ernst Röhm und seinen mit ihm erschossenen Kameraden unschwer zu erraten: Es war die fassungslose Wut darüber, daß man sie wie gemeine Schufte in ihrer Gefängniszelle als »Verräter« erschossen hatte, obwohl sie keine waren… Diese alles andere erstickende Emotion kettete Ernst Röhm an die irdische Seite der Schwelle, bis er unter dem Einfluß Gerda Walthers schließlich lernte, nach »drüben« zu blicken.

Dies wird, es sei noch einmal betont, nicht dargestellt, um Spiritismus zu lehren. Es muß gesagt werden, weil es ganz einfach unerläßlich für jeden ist, der seine eigene Schicksalsformel finden will.

Denn wer das will, muß begreifen, daß sein Leben ein Kontinuum ist. Es fängt weder bei seiner Geburt an, noch endet es mit seinem Tode. Sein »Ich« dieser Inkarnation kam herab mit der Empfängnis, schlummerte ahnend, fühlend und wachsend im Dunkel des Mutterleibes, horchte zurück in den ersten Wochen, Monaten und Jahren der frühen Kindheit. Und genauso lebt es weiter nach dem Ablegen der physischen Hülle.

Das Ich ändert sich dann nicht etwa gleich in Charakter und Wissen: dazu muß es erst lernen. Alle Religionen, alle Weisheitsschulen haben seit je gelehrt, daß die Bilanz eines Lebens nicht einfach verschwindet wie ein auslöschendes Licht. Darum löst ein Selbstmord niemals Probleme. Niemand kann sich selbst entrinnen.

Es ist hier nicht die Aufgabe, zu fragen, wie es in jenen Gefilden »drüben« aussieht. Aber vielleicht hilft es, wenn man sich einen fremden Planeten vorstellt, auf dem die Menschen in einem viel weniger dichten Körper leben. Sie verständigen sich wie im irdischen OOB-Zustand durch Telepathie, und da jeder das Denken des anderen ablesen kann, können sie nichts voreinander verbergen. Sie schaffen sich – sobald sie es gelernt haben – ihre eigene Umgebung durch die reine Kraft ihrer Gedanken. Man nennt das Teleplastik.

»Reisen« tun sie, indem sie sich mit dem Willen von einem Ort an den anderen versetzen – wiederum wie im OOB. Ihre Geistigkeit entwickelt sich in andere, höhere Richtungen; ihre Sinne sind viel feiner als die der Erdenmenschen. Nach dem Hologrammprinzip können sie sich auf jede gewünschte Studientätigkeit, auf Musik oder anderes einstellen. Jene, die sich sofort wieder in eine neue Inkarnation stürzen, sind die »Anomalien« – auch hier gibt es sie also.

Es mag auch sein, daß wir gar keine Notwendigkeit empfinden, nach diesen Dingen zu fragen. Dann können wir es mit Johann Wolfgang von Goethe halten:

»Wenn einer fünfundsiebzig Jahre ist, kann es nicht fehlen, daß er mitunter an den Tod denke. Mich läßt dieser Gedanke in völliger Ruhe, denn ich habe die feste Überzeugung, daß unser Geist ein Wesen ist von ganz unzerstörbarer Natur. Es ist ein Fortentwickeltes von Ewigkeit zu Ewigkeit. Es ist der Sonne ähnlich, die bloß unseren irdischen Augen unterzugehen scheint, die aber eigentlich nie untergeht, sondern unaufhörlich fortleuchtet« (Aus den Gesprächen mit Eckermann).

Kapitel 21
Die Welt der Ursachen

Gibt es Kräfte, die jenseits der Materiewelt am Webstuhl von Zeit und Schicksal sitzen? Die Religion – alle Religionen – und die auf das Metaphysische gerichtete Philosophie haben solche Kräfte stets als selbstverständlich angenommen. Arthur Schopenhauer grübelte darüber in seiner Schrift *Über die anscheinende Absichtlichkeit im Schicksal des Einzelnen*: »Eine solche Macht nun müßte, mit einem unsichtbaren Faden alle Dinge durchziehend, auch die, welche die Kausalkette ohne alle Verbindung miteinander läßt, so verknüpfen, daß sie im erforderten Moment zusammenträfen... Zufall und Irrtum... würden die bloßen Werkzeuge ihrer unsichtbaren Hand sein.«

Wir sind heute weiter als Schopenhauer, weil wir aus einem inzwischen sehr großen Fundus gut verifizierten Erfahrungswissens auf die Kontinuität des Lebens schließen können. Besteht Leben aber vor der Geburt und nach dem Tode, dann folgt ganz zwangsläufig, daß es auch Seinsebenen außerhalb der Materie geben muß.

Das wissenschaftliche Establishment schreckt vor diesem völlig logischen Schluß bisher noch zurück. Aber viele Wissenschaftler, die sich über die Hintergründe der Erscheinungen Gedanken machen, ziehen ihn automatisch, benutzen ihn als Arbeitshypothese. Sie können sich dabei darauf stützen, daß die außerordentliche Feinheit und Vielgliedrigkeit der gesamten Natur auf unserem Planeten eine ähnliche Stufung und Vielfalt auf nichtmateriellen Ebenen als Entsprechung haben muß. Das ist ein klarer Analogieschluß.

Es wäre sicherlich naiv, sich ein Jenseits vorzustellen, das für alle gleichgeartet ist. Es dürfte vielmehr viele Schwingungszustände und Bereiche haben. Irgendwo in diesen Bereichen befindet sich auch die schon erwähnte »Akascha-Chronik«, die schon Madame Blavatsky und Rudolf Steiner für eine absolute Realität hielten und die uns heute durch das Abrufen von in Gegenständen eingeprägten Informationen durch die Psychometrie vor Augen geführt wird – auch wenn sie wissenschaftlich noch ein Rätsel bleibt.

Ohne die Vorstellung der Vieldimensionalität sind solche Dinge kaum denkbar. *Mit* ihr können wir uns schon sehr viel eher Grenzfälle vorstellen, in denen unaufgelöste Psi-Energie, wie sie beispielsweise in dem Erlebnis der beiden Engländerinnen in Versailles zum Ausdruck kommt, in die Dreidimensionalität unseres Alltags durchbricht. Und die Akascha-Chronik als eine Art Filmarchiv dessen, was einstmals in der materiellen Raum-Zeit-Welt geschah und um so stärker »aufgezeichnet« bleibt, je mehr die Bilder und Szenen mit Emotionen aufgeladen waren.

Die Analogie der Vielgliedrigkeit stimmt übrigens auch mit religiösen Anschauungen überein. Mit Jacobs Traum von der Himmelsleiter ist der Begriff der hierarchischen Ordnung ein Teil der biblischen Tradition. Das frühe Christentum glaubte an eine Hierarchie der Engel. Dionysios Areopagita hat sie im 5. Jahrhundert im Detail beschrieben. Seine Schriften, obwohl hinsichtlich der Urheberschaft umstritten (der Autor, ein Zeitgenosse Kaiser Justinians, benutzte ein Pseudonym), gehören zu den Kleinodien der religiösen Literatur aller Zeiten.

Stellen wir uns nun eine weitere Figuration in der Vieldimensionalität vor: die Zukunft. In dieser Zone ruhen die geistigen Bilder von dem, was als kausale Folgewirkungen des in der Vergangenheit Geschehenen daraus werden wird oder werden kann, aber nicht unbedingt werden muß.

Dies sind die Zonen der persönlichen und kollektiven Zukünfte. In ihnen stehen die schöpferischen Teile unserer Multipsyche in dauernder Wechselwirkung miteinander und mit kollektiven Ereignissen. Bevor sich diese »Landschaft« in der heranrückenden Zeit festigt oder kristallisiert, kann sie von der Psyche »abgetastet« werden. Das ist dann Präkognition.

So wird auch erklärlich, warum der Inhalt einer Präkognition nicht unbedingt einzutreten braucht, dann nämlich, wenn sie eine »Pseudozukunft« erfaßt hat und nicht jene, die zur Realzukunft wird.

Es ist für das Begreifen der Schicksalszusammenhänge sehr wichtig, daß wir diese Pseudozukünfte ernst nehmen; sie sind, so argumentiert »Seth«, für unsere seelische Entwicklung niemals ganz ohne Bedeutung. William Arkle hält es für möglich, daß beispielsweise zwei Menschen auf solchen nichtmateriellen Ebenen karmische Beziehungen zueinander und so gemeinsame Zukünfte haben, sich aber trotzdem nie im Leben begegnen. Der Austausch zwischen ihnen erfolgt im Tiefschlafbewußtsein.

In dieses sehr persönliche Bild treten nun als äußere »Störenfriede« die kollektiven Ereignisse: die Erdbeben, Sturmfluten, Flugzeugabstürze, Kriege, Epidemien. Sie greifen in die persönliche Zukunft in einer Weise ein, die man »schicksalhaft« – mit anderen Worten unabwendbar – zu nennen pflegt.

Sehr wahrscheinlich hat der Volksmund hier vollkommen recht. Kollektivereignisse, die geschehen, sind in einem bestimmten Sinne vorbestimmt gewesen. Die Bilder von ihnen existieren, und gute Hellseher können unterscheiden, welche abwendbar sind und welche nicht.

Gelegentlich kommt ein Prophet, der Bilder aus der fernen Zukunft sieht. Der berühmteste war zweifelsohne Michel Nostradamus (1503–1566). Aus jüdischer Familie in der Provence stammend, war er christlich getauft worden und hatte den Grad eines Doktors der Medizin erworben. Er betrieb Astronomie, Astrologie und kabbalistische Numerologie. Auf sie gründete er seine Voraussagen, die ihn schon zu seinen Lebzeiten zu einem berühmten Mann machten.

Nostradamus ist der geheimnisumwitterte große Magier, dessen Namen selbst Dr. Faustus mit Ehrfurcht aussprach. Ein

Mann, den unser rationales Zeitalter sofort ins Reich der romantischen Legende verweisen würde, wenn er nicht eben mit seinen *Centuries* zwölfhundert prophetische Verse zurückgelassen hätte, von deren Richtigkeit seine Bewunderer bis auf den heutigen Tag überzeugt sind.

Die Vierzeiler (*quatrains*) sind in einem lesbaren, aber verschlüsselten Altfranzösisch geschrieben. Nostradamus, dem einmal Ketzerei vorgeworfen worden war, wußte um die Notwendigkeit, die Wahrheit zu verschleiern. Hinzu kommt, daß Nostradamus seine Verse nicht in zeitlicher Reihenfolge ordnete. Ihre Deutung und chronologische Einordnung sind deshalb schwierig und oft umstritten.

Dennoch sind einige *Quatrains* im Rückblick so klar, daß auch ein kritischer Betrachter verblüfft sein muß.

Der Seher von Salon-de-Provence sagte die Hinrichtung des englischen Königs Charles I. und den großen Londoner Brand 1666 voraus, den letzteren sogar auf das Jahr genau. Die zur Französischen Revolution führenden Ereignisse werden verschleiert, aber voll zutreffend geschildert.

Hitler – dies ist wirklich unheimlich – ist bei Nostradamus *Hister*; der »Anschluß« Österreichs, der Angriff auf Polen und die Sowjetunion und sogar das Hakenkreuzemblem werden vorgezeichnet.

Hitlers Propagandaminister Josef Goebbels war von den Nostradamus-Versen so beeindruckt, daß er den Astrologen Dr. Krafft engagierte, um das Werk des Sehers »auswerten« zu lassen.

Mehrere Nostradamus-Kundige haben Schlüssel für die chronologische Einordnung der Verse ersonnen. Aber wie dieser dazu kam, überhaupt erst einmal 400 und mehr Jahre in die Zukunft zu sehen (wenn man auch nur einen Teil der Voraussagen als richtig unterstellt) ist bis heute ein versiegeltes Geheimnis geblieben.

Von seinem Assistenten und Biographen J.A. de Chavigny wissen wir immerhin, daß Nostradamus sich in ein Dachzimmer zurückzuziehen pflegte, in dem er sich mit Hilfe magischer Riten in eine Art Trance versetzte. Dann begann die Zeitreise. Über zwei seiner Centurien setzte Nostradamus die Überschrift »Vom göttlichen Geist ergriffen, weissagt die Seele«. Er war davon überzeugt, seine Einsichten aus sehr hohen Sphären zu erhalten.

Was immer wir von Nostradamus halten mögen, seine Prophezeihungen deuten darauf, daß kollektives Schicksal eine Realität ist und in einigen Dingen sehr lange vorher festliegen kann.

In moderner Computersprache ausgedrückt, bildet sich die Realzukunft aus Billionen von Einzelinformationen, die in die individuelle oder kollektive »Datenbank« eingespeist wurden. Auch Gedanken, die eigenen oder die unserer Lebensgemeinschaft, werden in diese Datenbank aufgenommen. In einer höheren Dimension, so sieht es der moderne Mystiker William Arkle, sind hohe Intelligenzen am Werk, die solche Computer schaffen und betreuen, und andere, die aus ihnen ablesen.

Der Computer zeigt ihnen in Bildern das *Ergebnis*, das sich aus dem Zusammenwirken der Informationen aus Vergangenheit und Gegenwart bildet. Vielleicht ist es so, daß sich diese Bilder irgendwo in der Vieldimensionalität spiegeln und von einigen wenigen Sehern unter den Menschen dann wahrgenommen werden können.

Die angenommenen hohen Intelligenzen ebenso wie die Seher erblicken bezeichnenderweise meistens die *Folgen* kollektiver Entwicklungen – z. B. einen Krieg und dessen Verwüstungen – oder zumindest die wahrscheinlichen Folgen. In diesem Sinne verläuft die Geschichte für sie tatsächlich im Rückwärtsgang.

Der Medialforscher P.E. Cornillier gewann die Überzeugung, daß es reingeistige Intelligenzen mit der Macht und Befugnis gibt, diese kosmischen Zeichen und Bilder zu ändern, wenn sie dazu einen ausreichend starken Impuls von den Menschen erhalten. Anderenfalls steuert die Menschheit auf das jeweilige Bild unaufhaltsam zu.

Das *könnte* so sein beim Kollektivgeschehen. Das Einzelschicksal hat mehr Spielraum. Seine Festpunkte sind eingezeichnet, aber in ihrer Wirkung auf uns wandelbar. Anhänger östlicher Weisheitslehren glauben, daß etwa die Hälfte unseres Lebens dem kollektiven Karma unterliegt, während die zweite Hälfte vom individuellen Karma bestimmt ist. In dieser liegt unsere Bewegungsfreiheit.

Denken wir noch einmal an das Bild der plastischen Zukunftslandschaft. Am weitesten im voraus kristallisiert auf ihr sind kollektive Ereignisse: Kriege, Revolutionen, Katastrophen. Relativ lange festliegend sind einschneidende Ereignisse im persönlichen oder Familienleben eines Menschen: Ehe, schwere Erkrankung, Lebenskrisen, Unfälle und auch der Tod.

Von oben betrachtet zeigt sich uns (aber nicht dem Betroffenen selbst, denn er kann sich selbst nicht so einfach von außen betrachten) eine Landschaft mit mancherlei Pfaden. Einer von diesen ist der Pfad des geringsten Widerstandes. Er ist nicht unbedingt der beste!

Wie der Mensch durch diese Landschaft wandert, ist Sache seines freien Willens. Mit ihm kann er seinen Weg erheblich mitbestimmen und leichter machen. Zwei Fünftel, um bei der Schätzung von Gabriele Hoffmann zu bleiben, unterliegen der Willensentscheidung. Die anderen drei Fünftel sind Hindernisse, die er nehmen muß. Aber *wie* er das tut und wie er das Erfahrene empfindet, ist allein Sache seines Willens und seines Bewußtseins.

Woher aber soll ein Mensch wissen, welche Dinge schon festliegen und welche er noch beeinflussen kann? Wer garantiert ihm, daß die sogenannte Wahlfreiheit nicht nur eine Scheinfreiheit ist?

Die Frage besteht völlig zu recht. Niemand garantiert es ihm. Die Antwort liegt bei ihm selbst. Was immer vorbestimmt sein mag, er bleibt stets entscheidungsfrei – und verantwortlich – dafür, wie er seinen Willen anwendet. Im nächsten Kapitel sollen noch Wege aufgezeigt werden, wie er bei der Wahl unter den vor ihm liegenden verschiedenen Zukünften selber mitwirken kann.

In einem richtig gelebten Leben sollten sich Vorbestimmung und bewußte Anwendung des freien Willens gegenseitig ergänzen.

Kapitel 22
Die Schicksalsformel

Kann man die Zukunft beeinflussen, sein eigenes Schicksal manipulieren?

Grundsätzlich, ja! Obwohl die Frage von jemandem, der die ersten einundzwanzig Kapitel dieses Buches nicht gelesen hat, leicht mißverstanden werden könnte. »Manipulieren« klingt ein wenig nach abergläubischen oder moralisch nicht ganz einwandfreien Verhaltensweisen.

Das Geheimnis der Zukunftsgestaltung liegt nun aber gerade *nicht* darin, daß wir unsere Umwelt zu manipulieren versuchen; es liegt in der vollbewußten Harmonisierung unseres eigenen Verhaltens. Es liegt darin, daß wir weder gegen den Wind halten noch uns von ihm treiben lassen, sondern daß wir aktiv und bewußt *am* Wind segeln.

Der Wind, von dem hier sinnbildlich die Rede ist, ist unser Karma.

Es ist nicht notwendig und auch nicht ratsam, daß jemand ständig über sein Karma nachgrübelt. Aber wenn er vom Leben dazu gebracht wird, über sein Schicksal nachzudenken, um es zu begreifen, dann muß er sich von der Meinung lösen, daß die einzige Realität die seiner materiellen Umgebung ist. Das Universum, in dem sein Schicksal geformt wird, ist *qualitativ*, nicht quantitativ. Und sein Leben ist ein geistiges Kontinuum, das vor der Geburt begann und mit dem Tode keinesfalls endet.

Das sind Grundvoraussetzungen für den, der sich und seinen Lebensweg begreifen will.

Zusammengefaßt könnte man sagen, daß Zukunft folgendermaßen entsteht:

1. Durch kollektives Karma, geschaffen von jenseits der Zeit/Raum-Welt wirkenden »Schicksalsmächten«. Sie setzen Bilder, die um Jahrzehnte, ja Jahrhunderte vorausgreifen. Sofern es sich um die Auswirkung weltlicher Macht handelt, könnten die Mächtigen dieser Welt, wenn sie bereit wären, geistige Realitäten zu respektieren, den Gang dieses übergreifenden Schicksals dennoch beeinflussen.

2. Kosmische Zyklen und Strömungen. Geistige Verwandtschaften. Hierher gehören auch die im geistigen Kosmos zueinandergezogenen Gleichsinnigkeiten (Synchronizitäten). In diesem Kosmos sind alle Dinge auf geheimnisvolle Weise miteinander verbunden.

Das I Ging ist das beste Beispiel dafür, daß der ständige Wandel des Geschehens in Strömungen und Rhythmen verläuft. Wir können sie bewußt nutzen.

3. Das individuelle Karma. Unser Ich bekommt es mit auf den Weg, aber es hat zugleich einen freien Willen. Dieser ist oft unnötig eingeschränkt, weil sich das Leben der Menschen zu sehr auf bestimmte Verhaltensnormen oder »Schaltungen« einspielt, die die Tendenz haben, das Leben für ihn zu leben.

Nun ist der vertikalen Schicksalshierarchie noch die hier zur besseren Anschaulichkeit als Horizontale gedachte Zeitfläche hinzuzufügen.

Denken wir uns unser Ich, in der Mitte dieser Fläche stehend, als eine phosphoreszierende, nach allen Seiten Fäden ausstrekkende Gestalt. Die Fäden sind unser Denken und Wünschen, unser unbewußtes Träumen und die schöpferische Phantasie des Überbewußtseins, das dynamisch und voll latenter Energie ist.

Fäden strecken sich auch von der Vergangenheit in die Zukunft. Sie können silbern oder schmutzig sein. In der Zukunft verbinden sie sich mit den ähnlichen Fäden derer, mit denen wir zusammentreffen werden und die das Überbewußtsein bereits kennt.

Der so »gezwirnte« Faden wird dann von karmischen Einflüssen, von kosmischen Einflüssen, vom Kollektivschicksal fester und fester gewebt. Ein überaus feines und kompliziertes Gespinst entsteht. Das Überbewußtsein tastet die Realzukünfte und die wahrscheinlichen Zukünfte an diesem Gespinstteppich ab und stellt sich, wenn es nicht durch Willensanstrengung noch vom Kurs abgeht, auf bestimmte Markierungspunkte ein. Die Punkte werden mit vorangehender Zeit zur Linie der Realzukunft.

Die Gegenwart kann damit als *ein Produkt von Vergangenheit und Zukunft* gesehen werden.

Warum stellt sich das Überbewußtsein auf einen bestimmten Kurs ein? Es weiß vermutlich um sein Karma. Ist dieses Wissen jene Macht, von der Schopenhauer sagt, daß sie mit unsichtbarer Hand alles zusammenknüpfe?

Oft ist die Meinung zu hören, daß, wenn dem so sei, der Mensch keine Freiheit besitze. Das ist jedoch eine Verwechslung zwischen Karma und kosmischen Rhythmen einerseits und dem freien Willen andererseits. Der letztere ist eine relative Größe. In Zeiten, zu denen das »Geschick« übermächtig ist, scheint sein Spielraum sehr klein. Dann aber zählt das, was wir auf kleinstem Raum frei tun, genauso, als geschähe es auf einer ganz großen Bühne.

Aus diesen Werten kann man eine Schicksalsformel aufstellen. Sie stellt natürlich eine qualitative, keine mathematische Aussage dar.

$$E \frac{(v + z) + S}{K_1 K_2} = F$$

E = freier Wille; v = Vergangenheit; z = Zukunft, S = Die Mensch und Welt berührenden kosmischen Strömungen. K_1 = persönliches Karma, K_2 = kollektives Karma. F (*Fatum*) ist das resultierende Realschicksal.

Man beachte besonders: Nicht nur die Zukunft, auch die Vergangenheit wird durch den Multiplikator E, also den freien Willen, verändert. Vor allem dieser macht die Schicksalsformel zu einer *qualitativen* Gleichung, denn unser Wille ist abhängig von unserem Bewußtsein. Je höher, erkennender es ist, desto weniger ist das Schicksal F in einen Käfig eingesperrt.

E ist stets Gegenwart. Könnten wir nur in ihr denken, also ohne v und z im Denken auskommen, wäre unser Wille noch unendlich viel mächtiger. Im Effekt aber denken die allermeisten Menschen nur an die Zukunft – sie braucht nur eine Minute entfernt zu sein – und sind zugleich in ihrem Denken durch die Vergangenheit »programmiert«.

Die Schicksalsformel demonstriert, daß das Hinnehmen dieser Programmierung, wenn sie negativ ist, unseren freien Willen stark einschränken und so unser Schicksal ungünstig beeinflussen kann.

Dabei liegt es in unserer Macht, die negativen Spuren der Vergangenheit so zu neutralisieren, daß sie auf Gegenwart und Zukünfte keinen Einfluß mehr haben! Minusprogrammierungen, an denen unser Gefühl beteiligt ist, leben als Schuldkomplexe, als Haß, Angst oder Ablehnung in uns weiter. Sie beeinflussen durchaus nicht nur unser Gegenwartsverhalten, sondern genauso unsere Zukunft.

Mit dieser Erkenntnis erschließt sich uns das Geheimnis der uralten Menschheitsfrage, ob es Schicksal und freien Willen miteinander geben kann oder ob die beiden sich gegenseitig ausschließen. Die Wahrheit ist, daß beide untrennbar – und oft auch unerkennbar! – miteinander verwoben sind. Das eine scheint manchmal zu fehlen, weil es gerade vom anderen überdeckt ist. Dennoch ist ein freier Wille, und sei es nur als Reaktion auf Unabwendbares, stets vorhanden. Diese Reaktion aber bestimmt wiederum unsere Zukunft mit. Und in der Zukunft wartet eine neue Reaktion darauf, sich mit den »geschickten« Dingen zu verweben und seinerseits neue Zukunft zu gestalten... So werden Schicksal und freier Wille zu zwei untrennbaren Aspekten der gleichen dynamischen Kraft.

Unsere »unbewältigte Vergangenheit«, um ein politisches Wort umzumünzen, ist mit dabei, wenn unser Überbewußtsein, unbeschwert von den Begrenzungen des physischen Gehirns, sich in die Zukunft hinausstreckt. Jede Sekunde unseres Daseins, ohne daß wir etwas davon ahnen, ist es dort rastlos tätig, tastet wahrscheinliche Situationen mit einer Feinheit und Vielfalt ab, die – da es zudem intelligenzbegabt ist – jeden Computer übertreffen. Dann beginnt es zusammen mit anderen *minds* von ebenso grenzenlosem Vermögen die Konstruktion unserer Zukünfte.

Was wir an Negativem in diesen Computer eingeben, begegnet uns in der Zukunft wieder.

Auch jemand, der in unseren Augen schuldlos ist, weil er etwa das Opfer eines traumatischen Schocks in seiner Kindheit wurde, unterliegt dieser Gesetzmäßigkeit, bis er geheilt werden kann.

Das Ausräumen der Negativ-Programmierungen aus unserer Vergangenheit beginnt mit dem Erkennen. Fest im Unbewußten vergrabene Ursachen bedürfen fachkundiger Hilfe zur Offenlegung. In den weitaus meisten Fällen sind die Ursachen jedoch entweder rationalisierte, mindestens halbbewußte Schuldgefühle oder schmerzende Erlebnisse, die wir nicht verwunden oder verziehen haben. Diese Gefühle lassen sich leicht an die Oberfläche bringen. Es bedarf in erste Linie eines wirksamen Anstoßes, sich der eigenen Vergangenheit zu stellen.

Sigmund Freud, Carl Gustav Jung und andere haben mit der Erforschung des Unbewußten die wissenschaftlichen Grundlagen für die Therapie der Seele geschaffen. Aber für alle jene, die der ärztlichen Behandlung nicht bedürfen, gibt es heute einfachere psychodynamische Methoden, die bei richtiger Anwendung zum Ausschalten der Negativ-Programmierungen führen.

Der große italienische Psychologe Roberto Assagioli (1888–1974) entwickelte ein psychotherapeutisches System, das er *Psychosynthese* nannte. Es ist einfacher als die Psychoanalyse, weil es weniger Zeit an das Unbewußte verwendet und sich mehr auf das Verstehen der Inhalte des Wachbewußtseins konzentriert.

Assagioli sagte einmal: »Wir können alles beherrschen, mit

dem wir uns nicht mehr identifizieren. In diesem Prinzip liegt das Geheimnis unserer Versklavung und unserer Freiheit.« Wer sich nicht innerlich von seinem vergangenen Erleben freimachen kann, bleibt dessen Sklave.

Eine der von Assagioli entwickelten Heilungstechniken besteht darin, den Klienten in die vergangene Konfliktsituation zu führen*, ihm dann jedoch aufzugeben, die negative Erfahrung durch den »Inneren Christus«, d. h. den inneren göttlichen Lichtfunken, reinigen zu lassen.

Ein Geistlicher würde vom »Heiligen Geist« sprechen. Es gibt einige auf diesem Gebiet erfahrene Priester, die es verstehen, die Ursache eines Leidens durch Befragung innerhalb kürzester Zeit herauszufinden und dann durch Gebet und Aussprechen der »Absolution« spontan zu heilen.

Die Schwester des amerikanischen Präsidenten Jimmy Carter, Mrs. Ruth Carter-Stapleton, benutzt mit viel Erfolg die gleiche Methode zur Heilung von Menschen, die mit seelischen Konflikten oder psychosomatischen Beschwerden zu ihr kommen. Sie geht einen bildhafteren Weg, indem sie den Hilfesuchenden auffordert, sich in die schmerzhafte Vergangenheitssituation hineinzuversetzen und dann die heilende und versöhnende Figur des biblischen Christus in das Konfliktbild hineinzubringen.

Mrs. Carter-Stapleton betont: »Der Hilfesuchende muß den ersten Schritt tun – er muß die Tür aufstoßen.«

Wer seine Negativ-Programmierungen ausgelöscht hat, ist nun frei für das, worauf es ankommt: 1. Sein persönliches Karma wenigstens in den Umrissen zu erkennen, 2. Ausgerüstet mit dieser Kenntnis durch positive Vorstellungskraft und Einsatz des Willens die Zukunft zu beeinflussen. Gleichzeitig mit der Befreiung vom Negativen stellen sich andere Dinge ein: Man wird kreativ, bekommt Einfälle und entwickelt Intuition.

Wer es so weit gebracht hat, hat bereits eine höhere Bewußt-

* vergleichbar der Katharsis in der Psychoanalyse.

seinsstufe erreicht. Die Lektionen, die sein Karma bereithält, brauchen nicht mehr die gleiche Schärfe zu haben.

Nicht jeder sieht sich selbst so unbefangen, daß er beizeiten merkt, welche Lektionen das Leben ihm zu lernen aufgegeben hat. Ein wirklich fachkundiges, gewissenhaftes und intuitives Geburtshoroskop kann bei dieser recht schwierigen und manchmal auch schmerzvollen Aufgabe Hilfe leisten. Auch ein Hellseher kann das übrigens, wenn er seine Aufgabe nicht in der bloßen Prognose sieht, sondern es taktvoll versteht, den Ratsuchenden mit sich selbst zu konfrontieren. Und natürlich: echte Freunde können es.

Das Erkennen des persönlichen, bei der Geburt übernommenen Lebensplanes vor dem Hintergrund der Kontinuität des Lebens hilft verstehen, warum man selbst gewisse Dinge durchmachen muß, die anderen scheinbar erspart bleiben. Es hilft auch, im gegebenen Fall etwa zu erkennen, daß man beispielsweise vorwiegend künstlerische Talente hat und sich im Geschäftsleben besser auf den Rat anderer verlassen sollte.

Aber das Schicksal kennt bekanntlich auch die Gunst der Stunde.

Im I Ging heißt es: »Wenn ich in Übereinstimmung mit dem Rhythmus des Universums handele, werden meine Bestrebungen erfüllt. Große Errungenschaften sind nur möglich, wenn die richtige Zeit gekommen ist. Die Zeit ist nicht ein Feind, der besiegt werden muß, sondern ein Verbündeter, mit dem man geduldig zusammenarbeiten muß.«

Dies ist der Faktor E in unserer Gleichung.

Man kann ihn erkennen durch ein Prognosehoroskop. Ebensogut und meist weniger mit der Gefahr des »Erfüllungszwangs« behaftet ist das I Ging, da es nicht nur auf die Gegenwartssituation Auskunft gibt, sondern auch anzeigt, welche Einflüsse oder Ergebnisse zu erwarten sind, wenn man diese Situation in einer bestimmten Richtung verfolgt.

Ein wenig mühsamer zum Beginn, aber auf längere Frist von unschätzbarem Wert ist das Vortasten in die Zukunft auf dem Wege der eigenen Träume. In meinem Buch »PSI im Alltag«,

Econ Verlag, habe ich gezeigt, wie man dies systematisch einleiten kann. Hier seien die wichtigsten Punkte kurz genannt:

Man lege ein Traumtagebuch an. Man trägt abends vor dem Schlafengehen die Probleme darin ein, die einen während des Tages am meisten bewegt haben, und am Morgen die Träume, an die man sich erinnert.

Wer seinen Schlafrhythmus durch diese Prozedur nicht völlig durcheinanderbringt, kann nachts beim Aufwachen nach einem Traum den Inhalt skizzenhaft festhalten oder auf ein bereitstehendes (Kassetten-) Bandgerät sprechen. Die meisten Menschen können auf diese Weise schon nach relativ kurzer Zeit Entsprechungen zwischen ihren Tagesproblemen und ihren Träumen feststellen. Es ist ein Irrtum anzunehmen, daß dies nur Psychoanalytiker vermögen.

Der nächste Schritt besteht darin, sich das Problem vorzunehmen, dessen Beantwortung einem am meisten am Herzen liegt. Man fasse es in einen möglichst einfachen, kurzen und prägnanten einzigen Satz und wiederhole diesen im Geiste so oft wie möglich unmittelbar vor dem Einschlafen. Das beste ist, man schläft mit diesem Gedanken – als Fragestellung – ein.

Das Überbewußtsein wird mit Sicherheit auf eine ihm so direkt gestellte Frage antworten, und da es in die Zukunft vorausblicken kann, wird es uns in Bildern zeigen, was dort im Keim oder bereits fest kristallisiert bereitliegt.

Wer diese gar nicht schwierige Technik beherrscht, kann in der Lage sein, Zielkorrekturen vorzunehmen, wo sie möglich sind, und etwaige Fehlentscheidungen zu vermeiden. Die Problematik liegt natürlich stets darin, die Bildersprache des Traumes sicher zu deuten. Oft hilft hier die Intuition, aber im Zweifelsfall sollte man besser gar keine Deutung wagen. Gefährlich ist es vor allem, einen Traum gleich am nächsten Morgen zu deuten. Der Sinn eines Traumgeschehens wird oft erst nach Tagen, Wochen, ja Monaten deutlich!

Ergänzend zur Traumbeobachtung wirkt das Imaginieren von Zielwünschen. Man hält das Bild des Erwünschten (das jedoch nicht etwas sein darf, auf das man moralisch keinen Anspruch hat) vor dem inneren Auge fest und »entläßt« es dann. Damit übergibt man es den unbewußten Ichteilen, die damit weiterarbeiten.

Man kann auf diese Weise sehr viel tun. *Nicht* möglich ist es, sich mit diesen Techniken um Lektionen zu drücken, die sozusagen auf dem karmischen Lehrplan stehen. Darüber sind sich alle Weisheitslehren einig.

Bleiben wir beim nautischen Gleichnis: Wenn der Seefahrer merkt, daß Strömung und Wind zeitweilig allzu widrig sind, kann es gut sein, für eine Weile den schützenden Hafen aufzusuchen. Aber er kommt dann natürlich nicht weiter. So wird er nach einer Ruhepause und wenn der ärgste Sturm abgeflaut ist, wieder die Segel setzen. Er wird sich vornehmen, »am Wind« zu segeln.

Den Wind selber kann er nicht ändern. Er ist ihm schicksalsmäßig bestimmt. Aber er kann sich auf das schwere Wetter bewußtseinsmäßig einstellen und es so überwinden.

Kluge Astrologen, die in einem Jahreshoroskop Härten und Geduldsproben voraussehen, empfehlen manchmal, ein begonnenes und als richtig erkanntes Unternehmen dennoch fortzusetzen. Sie vermuten, daß die harten Aspekte den Betreffenden sonst in der Passivität treffen würden statt in der Aktivität, in der sie überwunden werden können.

Dies gilt für als richtig erkannte Dinge! Wo Zweifel bestehen, kann die Situation ganz anders sein. Es ist nicht möglich, ohne Kenntnis eines Horoskops und der Bezugsperson mehr als nur diesen allgemeinen Grundsatz festzuhalten.

Was aber bedeutet dann das Sprichwort »Der Weise regiert die Sterne«? Es deutet auf einen Zustand, den das Christentum als Gnade kennt und den andere Religionen als Überwindung des individuellen Karma begreifen. Dieser Zustand erfordert allerdings ein vollständiges Loslassen von Dingen und Bindungen, ein vollständiges Leben allein in der Gegenwart, ohne Gedanken an gestern und morgen. *Das Göttliche verbirgt sich im Augenblick,* sagen die Mystiker.

Die Religionen stimmen ebenso darüber ein, daß dieses Ziel

im Schöpfungsplan für den Menschen vorgesehen sei. Wie lange wird es dauern, bis er es erreicht? Wir wissen nur so viel, daß dies weitgehend von uns und unserem Bewußtseinsniveau abhängen wird.

Vielleicht stehen uns neue Möglichkeiten der Einsicht in das Werden unseres individuellen Bewußtseins bevor, von denen sich Freud und Jung noch nichts träumen ließen. Die nächste Entwicklungsstufe des Menschen, die diesen Namen verdient, wird ihn dazu bringen müssen, sich selbst zu begreifen. Dazu könnten beispielsweise auch intuitive Einblicke oder Träume über Situationen aus einem früheren Leben gehören.

Wem das utopisch erscheint, der mag darüber nachdenken, daß die akademische Wissenschaft es vor hundert Jahren auch für utopisch gehalten hätte, Vergangenheit und sogar ein Stück Zukunft durch Gehirn-Elektroden zum Leben zu bringen oder Menschen durch Hypnose zu heilen.

Nur eines ist zu bedenken: wenn wir auf geistige Reifung und Bewußtseinsausweitung passiv warten, wird sie ein Utopia bleiben. Wir kommen nur voran, wenn wir das Spiel mit unserer Schicksalsmitgift bewußt aufnehmen, um das Beste aus ihr zu machen.

Wer tatenlos bleibt, ist nicht Herr, sondern Anziehungspunkt seines Schicksals. Tatenvoll sein und dennoch nicht den Dingen verhaftet, ist Meisterschaft.

Kapitel 1

1. Gerda Hagenau: *Verkünder und Verführer,* Econ Düsseldorf. 1976.
2. P. D. Ouspensky, *Tertium Organum,* O. W. Barth, München, 1973.

Kapitel 2

1. Ian Stevenson, *A review and analysis of Paranormal Experiences connected with the Sinking of the Titanic,* Journal of the American SPR, Okt. 1960, S. 153 ff.
2. J. Grant, *Far Memory,* Harper Bros., New York 1956.
3. Hans Bender, *Unser Sechster Sinn,* DVA, Stuttgart 1971.

Kapitel 4

1. Sunday Times, 5. Mai 1974.
2. Peter Fairley mit Leslie Smith, BBC 29. 11. 1977.
3. A. Hardy, R. Harvie, A. Koestler, *The Challenge of Chance,* Hutchinson, London 1973.

Kapitel 5

1. E. Meckelburg, *Geheimnisse des Schlafes, Esotera* Jahrg. 27 Nr. 11.
2. Journal SPR London, Vol 42, S. 348 ff.
3. John Beloff, *Backward Causation,* Parapsychology Review Vol. 8, Nr. 1/1977 und Bob Brier, *Precognition and the Philosophy of Science,* American Press, New York 1974.
4. A. Hedri in *Parapsychika* 4/1977.

Kapitel 6

1. *Esotera,* Jahrg. 27 Nr. 7 Freiburg, Interview mit Dagmar Wackermann.
2. P. E. Cornillier, *The Prediction of the Future,* F. Muller, London 1947.

Kapitel 7

1. H. Everett, J. A. Wheeler, N. Graham, *The Many Worlds-Interpretation of Quantum Mechanics,* Princeton University Press, New Jersey, 1973.
2. John Taylor, *Superminds,* Macmillan, London 1975.

Kapitel 8
1. Muses, Walker, Herbert in *Future Science,* Doubleday, New York 1977.
2. Morton Prince, *Psychotherapy and Multiple Personality,* Selected Essays, Harvard Univ. Press 1975.
3. R. Monroe, *Der Mann mit den zwei Leben,* Econ, Düsseldorf 1972.
4. C. G. Jung, *Erinnerungen, Träume, Gedanken,* Pantheon Books, New York 1961.

Kapitel 9
1. *I Ging, Buch der Wandlungen* (übers. v. Richard Wilhelm), Diederichs Köln/Düsseldorf 1970.
2. E. H. Graefe, *I Ging, Buch des Stetigen und der Wandlung,* Oberstedten 1967.
3. Elisabeth Haich, *Tarot,* J. Fink Verlag, Stuttgart 1969.
4. Hermann Kirchenhoffer: *The Book of Fate,* C. S. Arnold, London 1822.
5. Richard Deakon, *The Book of Fate,* Fred. Muller, London 1976.

Kapitel 10
1. Michel Gauquelin, *Die Uhren des Kosmos gehen anders,* Bern/München/Wien 1973.
2. A. Hedri, *Beschwerden bei Vollmond, Esotera* Jahrg. 28, Nr. 9/1977.
3. Eugen Jonas, *Natürliche Geburtenregelung,* Zürich 1972.

Kapitel 11
1. *Esotera,* Jahrg. 28, Nr. 7/1977.
2. Jeffrey Iverson, *More Lives Than One?,* Souvenir Press, London 1976, Pan Books 1977.
3. Helen Wambach, *Life before Life, Psychic,* Vol. VII, Nr. 6 sowie Korrespondenz mit dem Autor.

Kapitel 12
1. Geraldine Cummins, *The Road to Immortality,* Rider, London 1955.
2. Jane Roberts, *Seth Speaks,* Prentice Hall, Englewood Cliffs 1974.

Kapitel 15
1. Karl Pribram in *Gestalttheorie in der modernen Psychologie,* Herausg. S. Ertel et al., Steinkopf/Darmstadt 1975.
2. Raymond A. Moody, *Nachgedanken über das Leben nach dem Tod,* Rowohlt 1978.

Kapitel 17
1. Dr. Sean O'Donnell, *The Science of Time,* in Technology Ireland, Febr. 1975.
2. O'Donnell, *Future Memory, Parapsychology Review* Mai/Juni 1974, S. 5–8.

Kapitel 18
1. William Arkle, *A Geography of Consciousness,* Neville Spearman Ltd., Sudbury/England, sowie Bildband »The Great Gift«, ebenda.

Kapitel 19
1. *Esotera,* Nr. 1/1978, Freiburg i. Br.
2. Zitiert nach *Der Spiegel,* 20. 6. 1977.
3. Zitiert nach S. Smith, *Die astrale Doppelexistenz,* Scherz 1976.
4. John C. Lilly, *Das Zentrum des Zyklons,* Fischer Taschenb. Nr. 1768.
5. C. Osis und E. Haraldsson, *At the Hour of Death,* Avon, New York 1977.
6. *Theta,* Vol. 5, Nr. 2, PRF, Duke Station, Durham/North Carolina.

Kapitel 20
1. J. P. Delacour, *Aus dem Jenseits zurück,* Econ, Düsseldorf 1973.
2. Gerda Walther, *Zum anderen Ufer,* Der Leuchter, Otto Reichl Verlag, Remagen 1960.

Namen und Adressen der in Kapitel 6 genannten Personen:

Erwin Grüning, medialer Lebensberater, 7777 Salem-Mimmenhausen Krs. Überlingen/Bodensee.

I. Laurenz Nitsche, 7530 Pforzheim, Königsberger Str. 2.

Kathleen M. Stranks, »The Firs«, Butt Hill, Napton near Rugby/England.

Gabriele Hoffmann, 1000 Berlin 15, Uhlandstr. 173/4.

Dagmar Wackermann, Chirologin, 4000 Düsseldorf-Heerdt, Eupener Str. 39.

In Kapitel 10 (Astrologie) wurden genannt:

Niels Röber, Astrologe und Lebensberater, Hamburg 63, Ohkamp 66.

Frau Genia von Känel-van Rees, Casa Tre Pini, Via Buonamano, CH 6612 Ascona/Schweiz.

Kapitel 18

William Arkle, c/o Verlag Neville Spearman, The Priory Gate, Friars Street, Sudbury/Suffolk – England.

Personen- und Sachregister:

Peter Andreas
PSI im Alltag
Die außerirdischen Kräfte in uns
ECON-Ratgeber
128 Seiten, Pappband

»Der Autor zeigt, wie man durch richtige Denkweise sein eigenes Leben positiv beeinflußen kann. Er demonstriert überzeugend, daß man PSI auch für positive materielle Ziele einsetzen kann und wie man sich durch positives Denken gegen negative Einflüsse abzuschirmen vermag. ›PSI im Alltag‹ öffnet den Weg zur positiven Lebensgestaltung.«
Esotera

»Dieser Ratgeber enthält 18 PSI-Tests mit entsprechenden Übungen, in denen der Leser in die Kunst eingeführt wird, seine inneren Bewußtseinskräfte zu stärken und zu entfalten. Zunächst lernt er sich richtig zu entspannen und zu beobachten, und zwar sowohl seine Träume wie auch seine Gedanken und Einfälle. Er lernt auf Intuition und Vorauswissen zu achten und sie anzuwenden.«
Passauer Neue Presse

Peter Andreas / Caspar Kilian
Die Phantastische Wissenschaft
Parapsychologie: Beweis für das Unglaubliche
256 Seiten, gebunden

»Das Autorenteam versucht Unbegreifliches faßbar zu machen und dem Leser die Welt der Parapsychologie zu erschließen. Und nicht vom Okkulten ist die Rede, sondern von Erfahrungstatsachen und Fakten, die geeignet sind, das sogenannte gesicherte Wissen in Frage zu stellen.«
Mannheimer Morgen

»Der Wert dieser umfassenden Dokumentation unbegreiflicher und oft unheimlicher Geschehen ist darin zu sehen, den Menschen vor vorschnellen Urteilen zu bewahren – denn noch ist nicht alles erklärbar!«
Aus Naturwissenschaft und Technik

»›Die phantastische Wissenschaft‹ ist eine fundierte, sachkundige und allgemeinverständliche Abhandlung über die Parapsychologie. Ob es nun um den ›kybernetischen Menschen‹ geht oder um die ›Pflanzenseele‹: nie wird das Spekulative zum Selbstzweck, sondern bleibt an das Phänomen gebunden.«
Cellesche Zeitung